Sandrine Deveze

Knuddel-Freunde

Tiere & mehr zum Häkeln

Bassermann

Inhalt

Einleitung

Vor einiger Zeit entdeckte ich die Welt des Häkelns für mich und verfiel gleich dem Charme der herrlich bunten Häkeldecken auf den Seiten der Zeitschriften für Inneneinrichtungen und auf verschiedenen Blogs. Ich habe versucht, selbst welche zu häkeln, aber mangels Geduld und Ausdauer kein einziges Projekt zu Ende geführt. Aus den arbeitsintensiven Decken wurden schnell einfache Kissen. Doch dann wurde mir klar, dass Häkeln nicht nur auf Accessoires und Kleidung beschränkt ist. Zuerst habe ich mich in die lebendige und farbenfrohe Welt der Designerin Anne-Claire Petit und ihrer Spielzeugfiguren verliebt, die in liebevoller Handarbeit hergestellt werden, dann in die Amigurumis, kleine gehäkelte (oder gestrickte) und mit Watte oder Wolle ausgestopfte Tierchen, die als Symbole der japanischen Häkelkunst gelten. Die kleinen Figuren sind viel leichter und schneller herzustellen als die Häkelarbeiten, an denen ich mich zuvor versucht hatte.

Ich habe mir das Häkeln selbst beigebracht. Ich erinnere mich nicht, meine Großmütter oder meine Mutter je häkeln gesehen zu haben. Ich selbst verbrachte hingegen unzählige Abende mit Häkelnadel und Wollknäuel. Meine diesbezüglichen Hefte sind voller Randbemerkungen. Unter den erstaunten Blicken meines Mannes betrachtete ich endlose Stunden Blogs oder Videos, um die Feinheiten der festen Maschen, Stäbchen und Doppelstäbchen zu begreifen. Anfangs glaubte ich, ich würde es nie schaffen, und ich musste meine Arbeiten häufig öffnen und neu häkeln, aber ich habe durchgehalten und war schließlich erfolgreich. Meine allererste Arbeit war ein roter Apfel. Seit jenem Tag habe ich nicht mehr aufgehört! Es ist eine wahre Leidenschaft geworden und eine gute Möglichkeit, nach einem langen und arbeitsreichen Tag zu entspannen. Es gibt viele Gelegenheiten, die Häkelnadel in die Hand zu nehmen, etwa um ein Geschenk zur Geburt oder zum Geburtstag anzufertigen, und natürlich sind die Betten meiner drei Kinder voller Amigurumis!

Ich hoffe sehr, dass es mir gelingt, Sie mit diesem Buch für das Häkeln zu begeistern. Sie sollten es auf jeden Fall zumindest einmal versuchen. Nutzen Sie einen Moment der Ruhe, setzen Sie sich mit einer Tasse Tee in Ihren Lieblingssessel, nehmen Sie Ihre Häkelnadel und ein Wollknäuel, und fangen Sie einfach an. Haben Sie keine Angst davor, Fehler zu machen. Häkeln lernt man durch Übung, und Fehler gehören dazu! Streben Sie anfangs nicht nach Vollkommenheit. Selbst, wenn Sie aus Versehen eine Masche überspringen, ist das nicht weiter schlimm. Es sind auch die kleinen Fehler, die den Charme einer handgearbeiteten Häkelarbeit ausmachen.

Sandrine Deveze

MATERIAL *und* TECHNIKEN

MATERIAL

Im Grunde reicht eine Häkelnadel und ein Garn, um den größten Teil Ihrer Arbeit fertigzustellen. Das hat den Vorteil, dass Sie fast überall und zu jeder Tages- und Nachtzeit häkeln können! Zu den zwei Grundbestandteilen kommen jedoch noch einige andere.

★ Die Garne

Dicke und Beschaffenheit des Garns, das Sie benutzen, sind für die endgültige Größe Ihrer Figur entscheidend. Je größer die Figur werden soll, desto dicker sollte das verwendete Garn sein.
Ich empfehle Anfängern, mit Baumwollgarn mittlerer Stärke zu beginnen. Die Maschen sind dann besser zu sehen und leichter zu zählen. Einhundertprozentige Baumwolle ist nicht sehr kostspielig und ideal zum Häkeln eines Amigurumi. Die Faser ist nur wenig elastisch und verformt sich nicht beim Füllen. Außerdem ist dieses Garn für Kinder sehr angenehm und maschinenwaschbar.
Ich habe mit den Häkelgarnen Natura Just Cotton von DMC (1) gearbeitet. Für einige Modelle habe ich auch das Metallgarn Lumina von DMC und das Perlgarn derselben Marke verwendet.
Wenn Sie erst einmal mit der Häkeltechnik vertraut sind, können Sie die Stile ändern, indem Sie verschiedene Garne verwenden, wie zum Beispiel Mohair für ein flauschiges Aussehen und Wolle für eine weichere Beschaffenheit. Soll eine Arbeit meliert aussehen, häkeln Sie mit doppeltem Faden eines weißen Perlgarns (siehe *Sushi!*, S. 24 oder *Wolfgang*, S. 51). Wenn das Garn, das Sie verwenden, sehr fein ist, häkeln Sie mit einer Häkelnadel Nr. 3 weiter, oder wählen Sie eine Häkelnadel Nr. 4.

Tipp *Wenn Sie andere Häkelgarne als die aus dem Angebot von Natura Just Cotton verwenden, achten Sie darauf, dass die Spezifizierungen in etwa folgendermaßen sind: Knäuel 100 % Baumwolle, 50 g, +/− 155 m, Nadelstärke 2,5 oder 3; für eine 10 × 10 cm große Maschenprobe: 27 Maschen × 34 Reihen oder Runden.*

★ Die Häkelnadeln

Häkelnadeln gibt es in verschiedenen Größen und aus verschiedenen Materialien (Metall, Bambus, Kunststoff). Um meine kleinen Figuren zu häkeln, benutze ich meist eine Häkelnadel Nr. 3 aus Metall (2) und für kleines Zubehör oder einen doppelten Faden eine Häkelnadel Nr. 1,5 oder Nr. 6 (3). Häkelnadeln der Marke Clover sind sehr ergonomisch und liegen gut in der Hand. Sie sind in Deutschland im Fachhandel und im Internet problemlos zu erwerben. Jede oder jeder, der häkelt, hat einen eigenen Geschmack. Probieren Sie einfach mehrere Varianten aus, und wählen Sie das Modell, das am besten gefällt.

Die Maschen eines Amigurumis sollten möglichst eng gehäkelt werden. Wenn Sie dazu neigen, etwas lockerer zu häkeln, nehmen Sie lieber eine Häkelnadel, die kleiner (0,5 – 1 Punkt) ist als die für die Wolle angegebene. Auf diese Weise erhalten Sie ein festeres Maschenbild, und die Füllung ist nicht durch die Maschen hindurch zu sehen.

★ Die Sicherheitsaugen

Früher waren Sicherheitsaugen zum Stecken (4) in Deutschland nur schwer zu bekommen. Mittlerweile sind sie aber in vielen verschiedenen Farben (Rot, Blau, Grün, Orange), Größen und Formen (auch als Schnauze oder Nase) in Hobbyläden oder Online-Shops (siehe *Bezugsquellen*, S. 64) zu finden.

Achtung! ***Sicherheitsaugen sind für Kinder unter drei Jahren nicht geeignet. Wenn Ihr Amigurumi für ein Baby bestimmt ist, sollten Sie die Augen mit schwarzem Stickgarn sticken.***

★ Die Grundausstattung

Hier finden Sie eine Liste der Dinge, die Sie für die Fertigstellung Ihrer Modelle brauchen:

- eine Stick- oder Wollnadel (5), mit der die gehäkelten Teile zusammengenäht werden. Die Nadel hat eine stumpfe Spitze und ein großes Nadelöhr, durch das sich das Garn, mit dem Sie die Teile gehäkelt haben, leicht fädeln lässt.
- eine klassische Nähnadel und Nähgarn (6). Beides kann auch zum Annähen kleiner Teile oder zum Sticken eines Gesichts verwendet werden.
- eine Puppennadel (7). So nennt man eine große, feine, 12,5 cm lange Nadel mit einem großen Nadelöhr, durch das sich das Häkelgarn leicht fädeln lässt.
- eine Schere (8)
- ein Maßband (9)
- ein Markierungsring oder eine Büroklammer (10), um den Anfang jeder Runde zu kennzeichnen
- ein roter Buntstift (11) und ein Stück Stoff (12), um die Wangen der Figuren zu färben
- Füllmaterial (Kapok oder synthetische Füllwatte) (13). Wenn Sie einen ganz aus Naturfasern bestehenden Amigurumi haben wollen, können Sie auch Naturwolle verwenden.

Die MASCHEN

LUFTMASCHE: LM

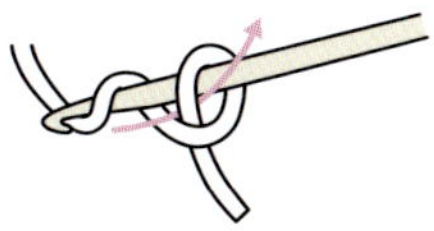

1. Fertigen Sie eine Anfangsschlinge, indem Sie den Faden um die Häkelnadel legen und ihn dann durch die Schlinge ziehen. Lassen Sie genug Faden überstehen, damit Sie ihn zum Schluss vernähen können.

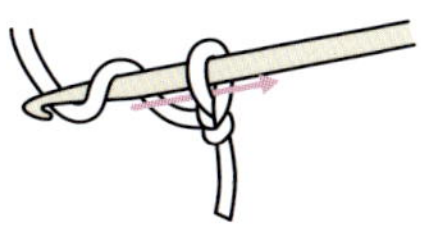

2. Legen Sie den Faden nun einmal um die Häkelnadel, ziehen Sie den Faden durch die Schlinge.
Schlagen Sie für die Luftmaschenkette – Ausgangspunkt einer jeden Häkelarbeit –, so viele Maschen an, wie benötigt werden. Achtung! Die Schlinge, die sich auf der Häkelnadel befindet, wird nicht mitgezählt.

KETTMASCHE: KM

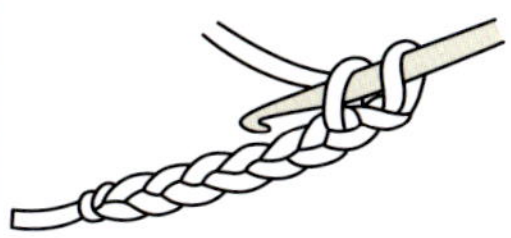

1. Stechen Sie die Häkelnadel in die 2. Masche der Luftmaschenkette ein.

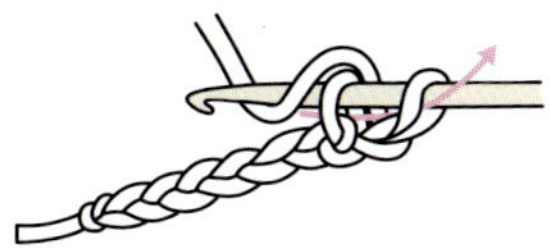

2. Bilden Sie einen Umschlag, und ziehen Sie den Faden dann durch die beiden Schlingen, die sich auf der Häkelnadel befinden.
In den vorgestellten Häkelarbeiten wird diese Masche vor allem für den Abschluss der Häkelarbeit verwendet.

FESTE MASCHE: FM

1. Stechen Sie die Häkelnadel in die zweite Masche der Kette ein.

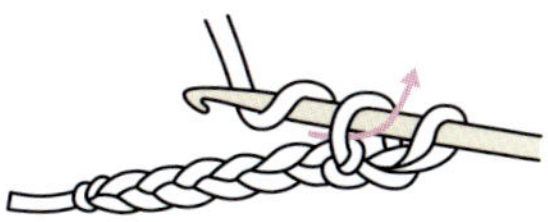

2. Bilden Sie einen Umschlag, und ziehen Sie den Faden durch eine Schlinge.

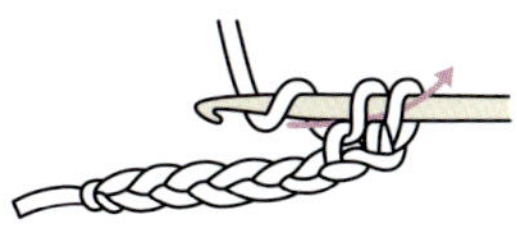

3. Bilden Sie einen weiteren Umschlag, und ziehen Sie den Faden dann durch die beiden Schlingen.

Umschlag *Bei einem Umschlag wird der Faden einmal um die Häkelnadel gelegt, entweder bevor oder nachdem man die Häkelnadel in eine Masche gestochen hat.*

STÄBCHEN: STB

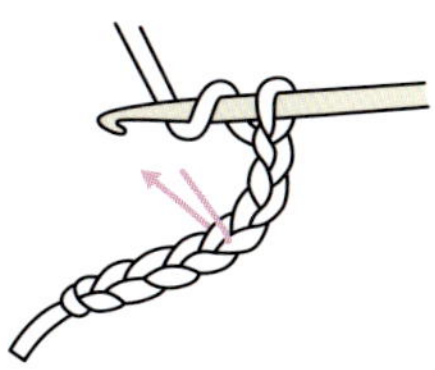

1. Bilden Sie einen Umschlag, und stechen Sie in die 4. Masche der Luftmaschenkette.

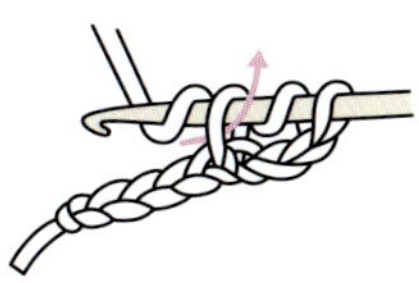

2. Bilden Sie erneut einen Umschlag, und ziehen Sie den Faden durch eine Schlinge.

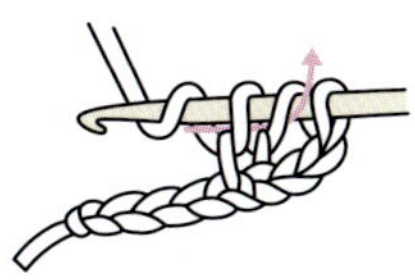

3. Bilden Sie noch einen Umschlag, und ziehen Sie den Faden durch zwei Schlingen.

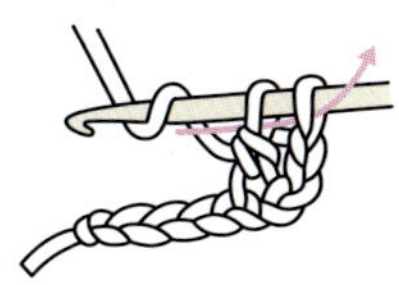

4. Bilden Sie einen letzten Umschlag, und ziehen Sie den Faden durch die beiden Schlingen.

DOPPELSTÄBCHEN: DSTB

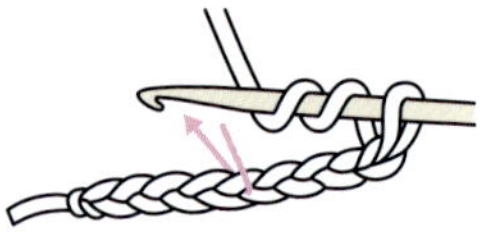

1. Bilden Sie zwei Umschläge, und stechen Sie in die 5. Masche der Luftmaschenkette.

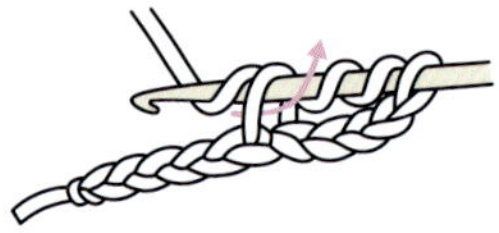

2. Bilden Sie einen weiteren Umschlag, und ziehen Sie den Faden durch eine Schlinge.

3. Bilden Sie noch einen Umschlag, und ziehen Sie den Faden durch zwei Schlingen.

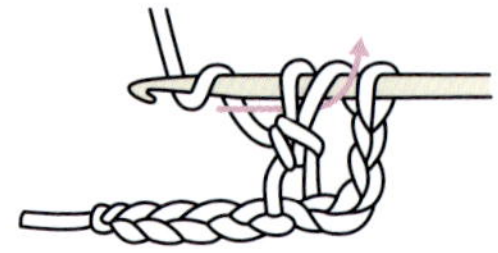

4. Bilden Sie einen neuen Umschlag, und ziehen Sie den Faden durch zwei Schlingen.

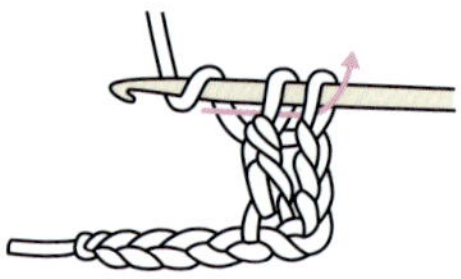

5. Bilden Sie einen letzten Umschlag, und ziehen Sie den Faden durch die beiden Schlingen.

ZUNAHME: ZUN

Häkeln Sie zwei feste Maschen in der gleichen Masche.

ABNAHME: ABN

1. Häkeln Sie zwei feste Maschen als eine Masche. Stechen Sie dafür die Häkelnadel in die Masche, bilden Sie einen Umschlag, und ziehen Sie ihn durch die Masche (Sie haben nun zwei Schlingen auf der Häkelnadel).

2. Stechen Sie die Häkelnadel in die folgende Masche, bilden Sie einen Umschlag, und ziehen Sie ihn durch die Masche (Sie haben nun drei Schlingen auf Ihrer Häkelnadel).

3. Bilden Sie einen Umschlag, und ziehen Sie ihn durch die drei Schlingen auf der Häkelnadel.

ZUSAMMENFASSUNG DER ABKÜRZUNGEN

Luftmasche	Lm	**Doppelstäbchen**	Dstb
feste Masche	fM	**Masche**	M
Kettmasche	Km	**Zunahme**	Zun
Stäbchen	Stb	**Abnahme**	Abn

Die GRUNDTECHNIKEN

★ Eine Häkelarbeit beginnen

Amigurumis werden mit festen Maschen rund gehäkelt. Das Maschenbild muss sehr dicht sein, damit die Füllung nicht zu sehen ist. Sie sollten daher vor allem die feste Masche und die Luftmasche beherrschen. Die ersten drei Runden sind die schwierigsten. Sind sie erst einmal geschafft, ist der Rest ein Kinderspiel. Lesen Sie sich zunächst die Erklärungen zum jeweiligen Modell durch, bevor Sie mit Ihrer Häkelarbeit beginnen. Es gibt mehrere Techniken, mit denen begonnen werden kann. Manche verwenden die Technik des magischen Rings, andere machen eine Anfangsschlinge. Ich selbst mache immer zwei Luftmaschen und folge dann der Technik des magischen Rings, um in Runden zu häkeln.

Amigurumis bestehen aus mehreren gehäkelten Teilen, die ausgestopft und zusammengenäht werden. Jedes Teil beginnt mit einer Anfangsschlinge (oder einem magischem Ring), um die herum entgegen dem Uhrzeigersinn feste Maschen gehäkelt werden. Dann nimmt man zu oder ab, um dem Teil seine endgültige Form zu verleihen. Die Erläuterungen zu jeder Figur werden in Runden gegeben. Vorne steht die Zahl der Runde, dann folgt die Anleitung und zum Schluss die Zahl der am Ende jeder Runde erhaltenen Maschen. Das macht es Ihnen leicht zu prüfen, ob Sie Fehler gemacht oder Maschen vergessen haben.

Wenn eine Erklärung in der gleichen Runde mehrmals vorkommt, wird sie zwischen zwei Sternchen angeführt, um das Schriftbild zu vereinfachen und die Gesamtheit der Erklärungen zu verdeutlichen. Führen Sie die Anleitung einmal aus, und wiederholen Sie sie dann so oft wie angegeben.

Beispiel: 3. Runde: *1 fM in die folgende M, dann 1 Zun in die nächste M* häkeln, noch 5-mal von * bis * wiederholen (= 18 fM).

Bestimmte Teilstücke müssen allerdings in Hin- und Rückrunden gehäkelt werden, wir sprechen dann von Reihe(n). In diesem Fall häkeln Sie auf einer Luftmaschenkette eine horizontale Reihe fester Maschen hin und dann wieder zurück. Am Ende jeder Reihe häkeln Sie eine Lm und wenden Ihre Arbeit.

★ Eine Markierung setzen

Ein Amigurumi wird immer in abgesetzten Runden oder in Spiralrunden gehäkelt. Das Ende einer Runde darf also keine Kettmasche sein. Der Beginn jeder Runde muss unbedingt markiert werden, sonst ist es nahezu unmöglich, sich in der Arbeit zurechtzufinden, und Sie müssten ständig die Maschen zählen. Für die Markierung legen Sie einen etwa 10 cm langen und andersfarbigen Faden an den Anfang einer Runde ein, den Sie beim weiteren Häkeln immer wieder herausziehen und neu einlegen. Sie können auch eine Büroklammer, eine Sicherheitsnadel oder einen Markierungsring benutzen.

Beispiel einer Anleitung für die ersten sechs Runden eines Modells:

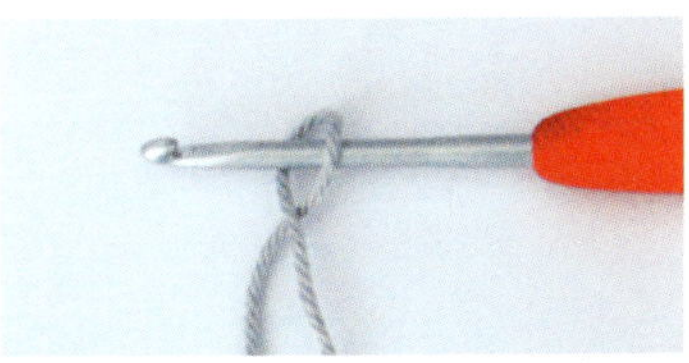

1. Häkeln Sie eine Luftmaschenkette aus 2 Lm. Legen Sie dazu mit dem Faden eine Schlinge um die Häkelnadel.

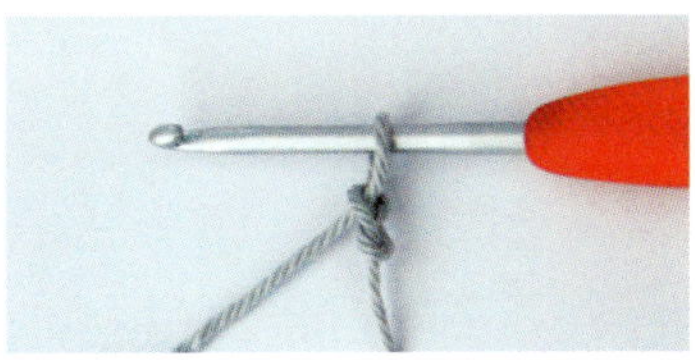

2. Machen Sie einen Umschlag, und ziehen Sie den Faden durch die Schlinge. Damit haben Sie Ihre 1. Lm gehäkelt.

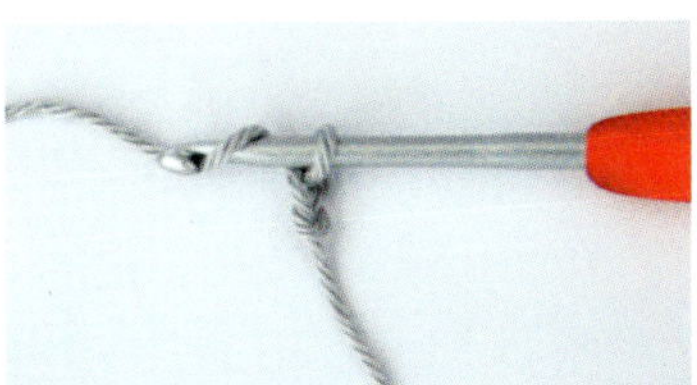

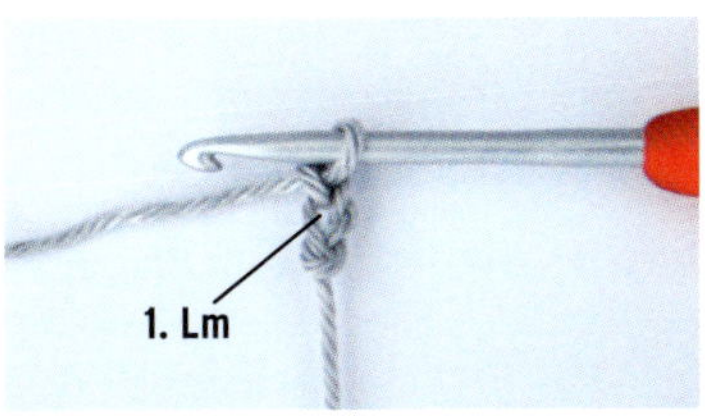

3. Wiederholen Sie dies noch einmal, und häkeln Sie so eine 2. Lm.

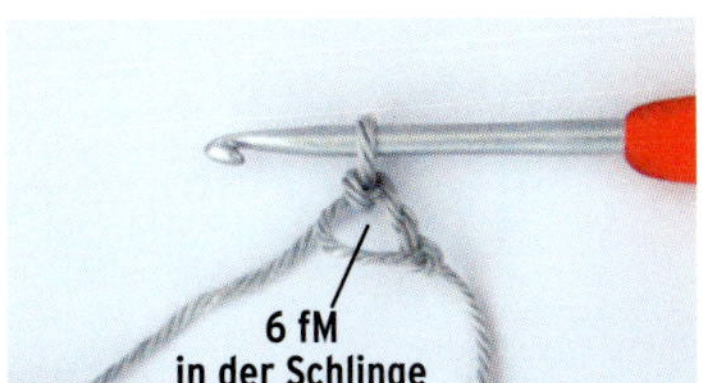

4. Erweitern Sie die 1. Lm.

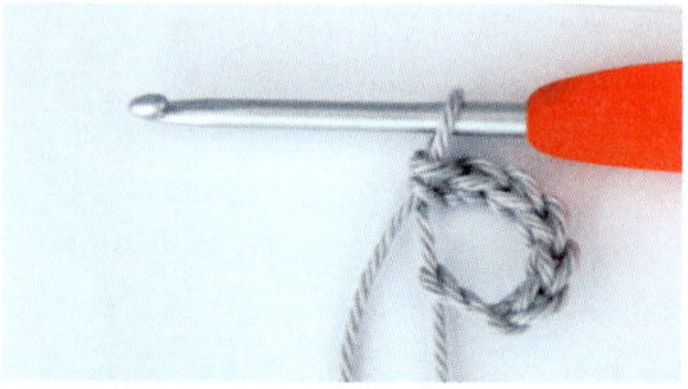

1. Runde: 6 fM in der 1. Lm häkeln.

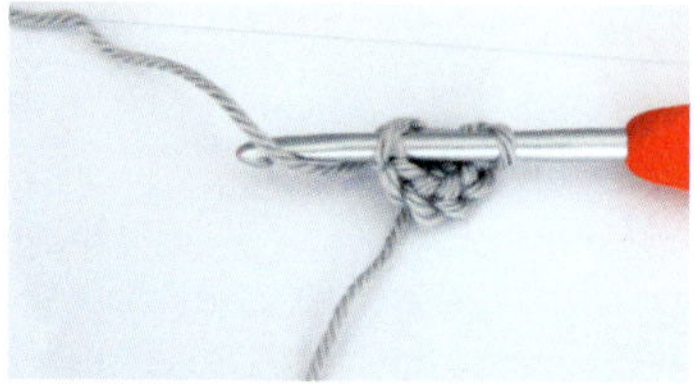

5. Die Schlinge festziehen.

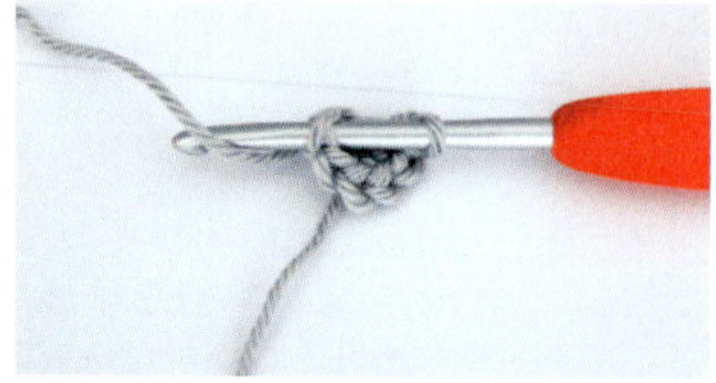

2. Runde: Die Häkelnadel in die 1. fM. der vorherigen Runde stechen.

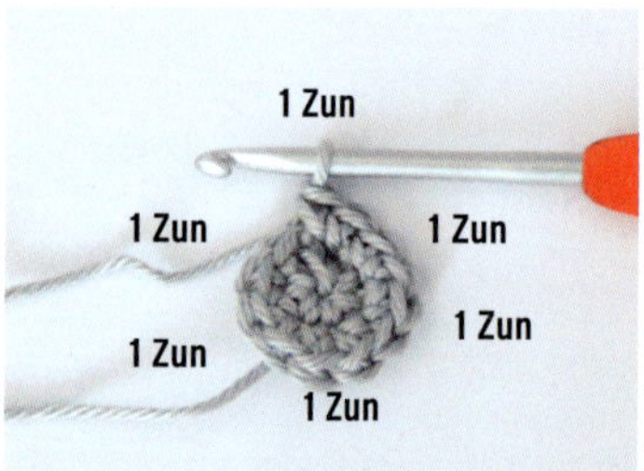

6. In jeder fM der vorherigen Runde 1 Zun vornehmen (= 12 fM).

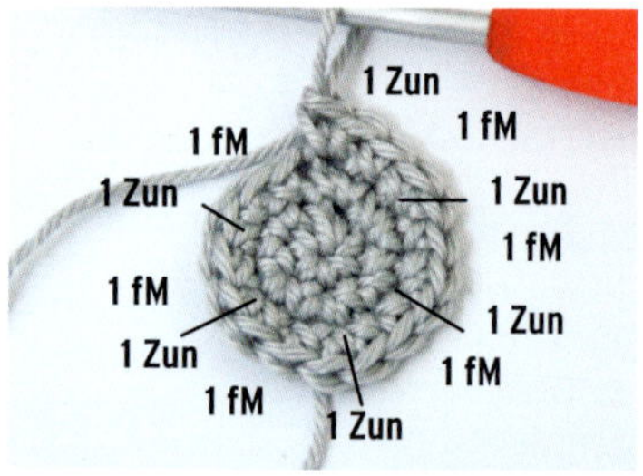

3. Runde: *1 fM in die folgende M, dann 1 Zun in die folgende M häkeln, noch 5-mal von * bis * wiederholen (= 18 fM).

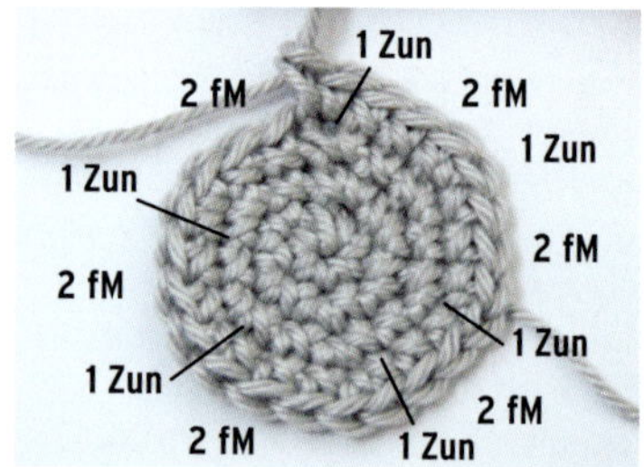

4. Runde: *2 fM, 1 Zun* häkeln, noch 5-mal von * bis * wiederholen (= 24 fM).

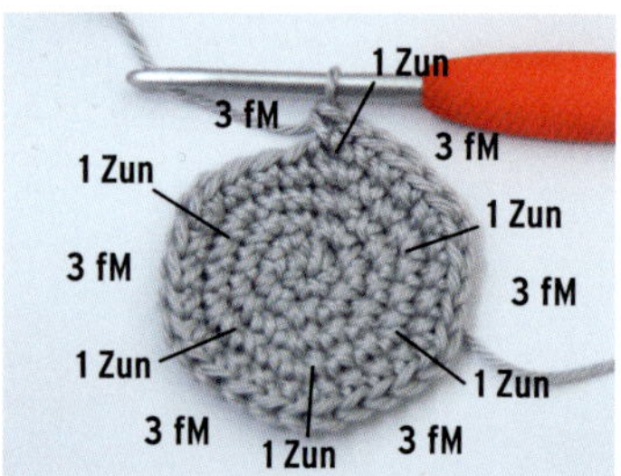

5. Runde: *3 fM, 1 Zun* häkeln, noch 5-mal von * bis * wiederholen (= 30 fM).

6. Runde: 1 fM in jede fM der vorherigen Runde häkeln (= 30 fM).

7. Sobald Sie mit den Zunahmen aufhören, fangen die Ränder an, sich zu wölben.

8. Beginnen Sie nun mit den Abnahmen, so wie sie in der Anleitung angegeben sind. Das Prinzip ist das gleiche wie bei den Zunahmen, Sie wechseln immer zwischen festen Maschen und Abnahmen ab. Am Ende der letzten Runde schließen Sie die Arbeit mit einer Kettmasche ab und machen einen Knoten. Schneiden Sie den Faden ab, und lassen Sie etwa 20 cm stehen, die zum Zusammennähen der Arbeit und/oder zum Befestigen des Fadens gebraucht werden.

Tipp *Stopfen Sie Ihr Amigurumi während der Fertigstellung nach und nach aus.*

★ Ein Gesicht machen

Das Gesicht ist eines der wichtigsten Teile Ihres Werks, das sehr genau gearbeitet werden muss, aber auch am meisten Spaß macht. Jetzt zeigt sich, welchen Ausdruck Ihre Figur haben wird. Beginnen Sie immer mit den Augen, stopfen Sie aber zunächst den Kopf fest aus, damit Sie sehen, welche Form er erhält. Richten Sie sich nach den Anleitungen für die Platzierung von Augen, Nase und/oder Mund im jeweiligen Kapitel. Legen Sie fest, wo die Teile sitzen sollen, und markieren Sie ihre Lage mit einer Büroklammer oder einem Bleistiftpunkt. Entfernen Sie dann ein Drittel des Füllmaterials. Die Kunststoffaugen, die auf S. 5 zu sehen sind, bestehen aus zwei Teilen, einem sichtbaren schwarzen Stiel und einer in der Figur verborgenen Scheibe aus Kunststoff oder Metall. Stecken Sie zuerst den schwarzen Stiel an der vorgesehenen Stelle durch das Häkelstück. Wenden Sie das Stück, und drücken Sie die Kunststoff- oder Metallscheibe auf den schwarzen Stiel. Die Scheiben sind häufig recht schwierig anzubringen, zögern Sie also nicht, viel Kraft anzuwenden, und verwenden Sie gegebenenfalls eine kleine Zange. Wenn die Sicherheitsaugen angebracht sind, stopfen Sie den Kopf noch einmal fest aus. Bevor Sie ihn am Körper befestigen, sticken Sie den Mund und/oder die Nase auf, damit Sie die Enden der Stickfäden im Inneren des Kopfes verbergen können. Wenn Sie auch die Augen aufsticken, tun Sie dies auf dem ausgestopften Kopf. Ihre Amigurumis sehen noch hübscher aus, wenn Sie ihnen leicht gerötete Wangen verleihen. Dafür bemalen Sie ein Stück Stoff kräftig mit einem roten Buntstift. Reiben Sie dann in Höhe der Wangen mit der rot angemalten Seite des Stoffs sanft über das Gesicht Ihrer Figur. Sie können vorsichtshalber auch ein kleines Viereck häkeln, um den Farbabrieb zu testen.

★ Ein Modell zusammennähen

Um die offenen Teile, wie den Kopf und den Körper, zusammenzunähen, fädeln Sie das Fadenende, das Sie zu diesem Zweck stehen gelassen haben, in die Sticknadel. Platzieren Sie den Kopf in gewünschter Position zum Körper, und stechen Sie mit der Nadel in eine der Maschen der letzten Runde des Körpers, ziehen Sie den Faden leicht an, und stechen Sie in eine der Maschen der letzten Runde des Kopfes. Wiederholen Sie dies so oft wie erforderlich. Wenn Sie mit der Runde um den Kopf fertig sind, machen Sie einen Knoten. Stechen Sie mit der Nadel durch den Körper, ziehen Sie leicht am Faden, und schneiden Sie ihn ab. Er verschwindet im Körper.
Um die geschlossenen Körperteile, wie Arme, Beine, Flügel und Ohren, zusammenzunähen, legen Sie die Ränder so aneinander, dass die Maschen sich gegenüberliegen. Fädeln Sie den Faden des Häkelstücks in die Sticknadel. Stechen Sie die Nadel abwechselnd vorne durch die erste Masche und vorne durch die gegenüberliegende Masche. Wiederholen Sie dies so oft wie erforderlich. Nähen Sie dann das geschlossene Häkelteil an den Körper Ihrer Figur. Sie können das Teil auch mit einer Runde fester Maschen schließen, indem Sie die Häkelnadel jeweils unter die beiden sich gegenüberliegenden Maschen stechen.

★ Den Faden einnähen

Um Ihre Arbeit abzuschließen, häkeln Sie eine Kettmasche. Schneiden Sie den Faden ab, aber lassen Sie ein etwa 20 cm langes Stück stehen. Fädeln Sie den Faden in die Sticknadel, und machen Sie einen möglichst unauffälligen Stich durch den Körper Ihrer Figur. Ziehen Sie ein wenig an dem Faden, und schneiden Sie ihn nahe am Objekt ab. Er verschwindet im Körper.

★ Den Faden wechseln

Ein häufiger Fadenwechsel wird sich kaum vermeiden lassen. Sobald Sie zu einer anderen Farbe wechseln sollen oder Ihr Knäuel aufgebraucht ist, müssen Sie einen neuen Faden verwenden. In jedem Fall sollten Sie den Faden am Rundenende wechseln. Beginnen Sie Ihre letzte Masche wie gewohnt, und machen Sie den letzten Umschlag mit dem Faden des neuen Knäuels, arbeiten Sie dann normal weiter. Nachdem Sie vier Maschen mit dem neuen Faden gehäkelt haben, machen Sie einen Knoten mit den beiden Fäden, die im Innern Ihrer Arbeit verschwinden werden.

• KLEINE EULEN •

Mit ihren großen runden Augen und ihren hübsch verzierten Körpern sehen diese kleinen Eulen ganz bezaubernd aus. Sie eignen sich sowohl als niedliche Dekoration auf dünnen Zweigen als auch als Teil eines Mobiles, das sich über dem Bettchen eines Babys dreht. Dieses Modell ist besonders gut für Anfänger geeignet.

SCHWIERIGKEITSGRAD: ★ – Maße einer Eule: 9 × 5,5 cm

★ Material

Für eine Eule:

1 Knäuel Häkelgarn Natura Ambar Nr. 04 (DMC)

1 Knäuel Häkelgarn Natura Ibiza Nr. 01 (DMC)

rotes und weißes Nähgarn

Häkelnadel Nr. 3

2 Sicherheitsaugen aus schwarzem Kunststoff, Ø 6 mm

Grundausstattung (siehe S. 5)

★ Verwendete Maschen

Luftmasche (Lm)

feste Masche (fM)

Kettmasche (Km)

So geht's:

1. Häkeln Sie den Kopf in der Farbe Ambar.

1. Runde: Eine Luftmaschenkette mit 2 Lm anschlagen und 6 fM in die 1. Lm häkeln.

2. Runde: 1 Zun in jede fM der vorherigen Runde häkeln (= 12 fM).

3. Runde: *1 fM in die folgende M, dann 1 Zun in die folgende M* häkeln, noch 5-mal von * bis * wiederholen (= 18 fM).

4. Runde: *2 fM, 1 Zun* häkeln, noch 5-mal von * bis * wiederholen (= 24 fM).

5. Runde: *3 fM, 1 Zun* häkeln, noch 5-mal von * bis * wiederholen (= 30 fM).

Von der 6. bis zur 12. Runde: 1 fM in jede der 30 fM der vorherigen Runde häkeln (= 30 fM). Die Arbeit mit 1 Km abschließen und den Faden abschneiden (a).

2. Häkeln Sie den Körper in der Farbe Ambar.

1. Runde: Eine Luftmaschenkette mit 2 Lm anschlagen und 6 fM in die 1. Lm häkeln.

2. Runde: 1 Zun in jede fM der vorherigen Runde machen (= 12 fM).

3. Runde: *1 fM in die folgende M, dann 1 Zun in die folgende M* häkeln, noch 5-mal von * bis * wiederholen (= 18 fM).

4. Runde: *2 fM, 1 Zun* häkeln, noch 5-mal von * bis * wiederholen (= 24 fM).

5. Runde: *3 fM, 1 Zun* häkeln, noch 5-mal von * bis * wiederholen (= 30 fM).

6. Runde: *4 fM, 1 Zun* häkeln, noch 5-mal von * bis * wiederholen (= 36 fM).

Von der 7. bis zur 15. Runde: 1 fM in jede der 36 fM der vorherigen Runde häkeln (= 36 fM).

16. Runde: *4 fM, 1 Abn* häkeln, noch 5-mal von * bis * wiederholen (= 30 fM).

17. Runde: 1 fM in jede der 30 fM der vorherigen Runde häkeln (= 30 fM). Die Arbeit mit 1 Km abschließen und den Faden abschneiden.
Den Körper der Eule ausstopfen (a).

3. Häkeln Sie die Flügel in der Farbe Ambar.

»

>>

1. Runde: Eine Luftmaschenkette mit 2 Lm anschlagen und 6 fM in die 1. Lm häkeln.

2. Runde: 1 Zun in jede fM der vorherigen Runde häkeln (= 12 fM).

Von der 3. bis zur 10. Runde: 1 fM in jede der 12 fM der vorherigen Runde häkeln (= 12 fM). In gleicher Weise einen zweiten Flügel anfertigen. Die Flügel nicht füllen (a).

4. Häkeln Sie die Umrisse der Augen in der Farbe Ibiza.

1. Runde: Eine Luftmaschenkette mit 2 Lm anschlagen und 6 fM in die 1. Lm häkeln.

2. Runde: 1 Zun in jede fM der vorherigen Runde häkeln (= 12 fM).

3. Runde: *1 fM in die folgende M, dann 1 Zun in die folgende M* häkeln, noch 5-mal von * bis * wiederholen (= 18 fM).

Die Arbeit mit 1 Km abschließen und den Faden abschneiden (b). Ebenso für den Umriss des zweiten Auges verfahren.

5. Häkeln Sie den Bauch in der Farbe Ibiza.

1. Runde: Eine Luftmaschenkette mit 2 Lm anschlagen und 6 fM in die 1. Lm häkeln.

2. Runde: 1 Zun in jede fM der vorherigen Runde häkeln (= 12 fM).

3. Runde: *1 fM in die folgende M, dann 1 Zun in die folgende M* häkeln, noch 5-mal von * bis * wiederholen (= 18 fM).

4. Runde: *2 fM, 1 Zun* häkeln, noch 5-mal von * bis * wiederholen (=24 fM). Die Arbeit mit 1 Km abschließen und den Faden abschneiden (b), danach ausstopfen.

Achtung! Wenn Sie die Fäden abschneiden, lassen Sie jeweils ein etwa 20 cm langes Stück stehen, damit Sie die verschiedenen Teile, aus denen die Eule besteht, zusammennähen können.

Fertigstellen

6. Befestigen Sie zunächst die Augen am Kopf (siehe *Ein Gesicht machen*, S. 11). Drücken Sie hierfür den schwarzen Stiel des Auges in die Mitte eines weißen Umrisses und dann in den Kopf zwischen der 9. und 10. Runde (c). Pressen Sie die weiße Scheibe auf den schwarzen Stiel. Wiederholen Sie dies für das zweite Auge. Die beiden gehäkelten weißen Umrisse sollen sich berühren.

b

c

d

e

7. Nähen Sie dann die weißen Umrisse der Augen mithilfe einer Sticknadel und weißem Nähgarn mit Vorstichen am Kopf an (d).

8. Sticken Sie mit rotem Nähgarn und einer Nähnadel den Schnabel der Eule, indem Sie immer kleiner werdende Stiche machen, sodass die Form eines Schnabels entsteht (e).

9. Stopfen Sie den Kopf aus, und nähen Sie den Kopf und den Körper der Eule mit einer Sticknadel zusammen (f).

10. Nähen Sie die Flügel in Höhe der Naht an, die den Kopf und den Körper der Eule miteinander verbindet (g).

11. Wenn Sie den Bauch der Eule verzieren möchten, besticken Sie ihn mithilfe einer Nähnadel und rotem Nähgarn mit Vorstichen (h).

12. Nähen Sie den Bauch mit einer Sticknadel auf den Körper (i).

Ihre Eule ist fertig!

Achtung! **Wenn Sie zwei Teile zusammengenäht haben, schneiden Sie den Faden nicht zu kurz ab, damit das Ende im Innern des Eulenkörpers versteckt werden kann.**

Variante

Wenn Sie eine Eule als Kuscheltier verwenden möchten, brauchen Sie für eine Länge von etwa 20 cm nur die Garnmenge zu verdoppeln und eine Häkelnadel Nr. 6 zu benutzen. Falls diese Eule für ein Kind unter 3 Jahren bestimmt ist, ist es ratsam, schwarze Augen aufzusticken, anstatt Kunststoffaugen anzustecken.

f

g

h

i

• FRÖHLICHES DORF •

Ich habe diese kleinen Häuser als Dekorationsstücke gehäkelt. Sie können sie aber auch als Untersetzer oder ausgestopft als kuscheliges Kissen verwenden.

SCHWIERIGKEITSGRAD: ★ – Maße des blauen Hauses: 24 × 13 cm

⋆ Material

Für ein Haus:

1 Knäuel Häkelgarn Natura Azur Nr. 56 (DMC)

1 Knäuel Häkelgarn Natura Ambar Nr. 04 (DMC)

1 Knäuel Häkelgarn Natura Rose Soraya Nr. 32 (DMC)

1 Knäuel Metallgarn Lumina L3866 (DMC)

schwarzes Nähgarn

Häkelnadel Nr. 6

Häkelnadel Nr. 3

1 Stück schwarzer Filz

Grundausstattung (siehe S. 5)

⋆ Verwendete Maschen

Luftmasche (Lm)

feste Masche (fM)

Kettmasche (Km)

So geht's:

1. Häkeln Sie die Mauern des Hauses mit doppeltem Faden des Garns Natura Azur und der Häkelnadel Nr. 6. Der Boden des Hauses wird rund um die Anfangskette gearbeitet. Häkeln Sie eine Luftmaschenkette aus 23 Lm und dann 1 Lm zum Wenden (a).

1. Runde: 1 fM in jede der ersten 22 Lm der Luftmaschenkette und 3 fM in die 23. Lm, also die erste Lm der Luftmaschenkette häkeln (Zeichnung unten und b). Auf der Rückrunde 1 fM in jede der folgenden 22 Lm häkeln und mit 3 fM in der Wendeluftmasche abschließen. Sie haben die 1. Runde (= 50 fM) beendet (c).

Von der 2. bis zur 23 Runde: 1 fM in jede der 50 fM der vorherigen Runde häkeln (= 50 fM). Wundern Sie sich nicht, wenn der Boden etwas verdreht aussieht (d). Die Mauern werden ab der 5. Runde eine rechteckige Form bekommen (e, f).

2. Häkeln Sie das Dach (Dreieck) mit doppeltem Faden der Garne Lumina und Natura Ambar und mit der Häkelnadel Nr. 6. Arbeiten Sie in Hin- und Rückreihen.

1. Reihe: Eine Luftmaschenkette aus 2 Lm, dann 2 fM in der 1. Lm und 1 Lm häkeln, dann wenden (= 2 fM).

2. Reihe: 1 fM, 1 Zun in die folgende M, 1 Lm häkeln und wenden (= 3 fM).

3. Reihe: 2 fM, 1 Zun in die folgende M, 1 Lm häkeln und wenden (= 4 fM).

4. Reihe: 3 fM, 1 Zun in die folgende M, 1 Lm häkeln und wenden (= 5 fM).

>>

× feste Masche
○ Luftmasche

a

b

c

d

e

h

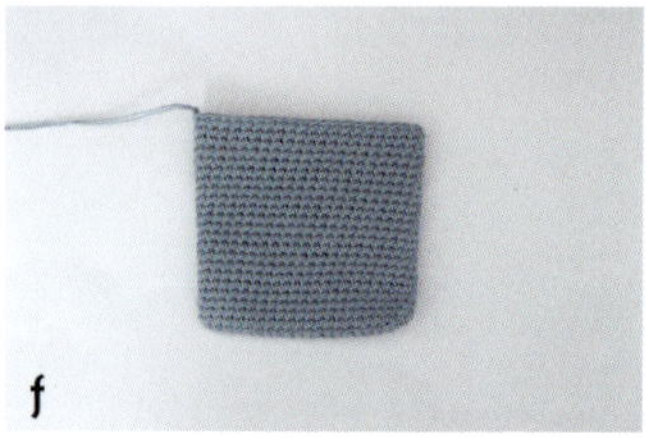

f

g

»

5. Reihe: 4 fM, 1 Zun in die folgende M, 1 Lm häkeln und wenden (= 6 fM).

6. Reihe: 5 fM, 1 Zun in die folgende M, 1 Lm häkeln und wenden (= 7 fM).

Von der 7. bis zur 25. Reihe: 1 fM in jede fM der vorherigen Reihe, 1 Zun an jedem Reihenende und 1 Lm zum Wenden häkeln. Diese Reihenfolge bis zum Ende des Dreiecks fortsetzen. Die Arbeit mit 1 Km abschließen und den Faden abschneiden (g).

Häkeln Sie das gleiche Dreieck für die andere Seite des Daches noch einmal.

3. Nehmen Sie für die Tür die Farbe Rose Soraya. Häkeln Sie mit der Häkelnadel Nr. 3 eine Luftmaschenkette aus 10 Lm, dann noch 1 Lm. Häkeln Sie auf dieser Luftmaschenkette in Hin- und Rückreihen und beenden Sie jede Reihe mit einer Lm, um die Höhe der 1. fM zu erreichen, und wenden Sie die Arbeit.

1. Reihe: 1 fM in die 1. Lm der Luftmaschenkette häkeln.

Von der 2. bis zur 14. Reihe: 1 fM in jede der 10 fM der vorherigen Reihe häkeln (= 10 fM). Wenn Sie eine Umrandung haben möchten, häkeln Sie rund um die Tür fM. Die Arbeit mit 1 Km abschließen und den Faden abschneiden.

Fertigstellen

4. Nähen Sie zunächst die beiden Teile des Dachs mit den rechten Seiten aufeinander zusammen.

5. Schneiden Sie kleine Dreiecke aus dem Stück schwarzen Filz, und fügen Sie dann alle Teile zusammen (h), indem Sie Dach und Mauern zusammennähen und die Filzdreiecke als Wimpelgirlande mit kleinen Stichen und schwarzem Nähgarn auf der Vorderseite befestigen (h).

Variante

Dieses Modell kann als Kissen gearbeitet werden. Dazu wird die Anzahl der Luftmaschen in der Anfangskette erhöht und das Haus bei der Fertigstellung ausgestopft.

Variante

Wenn Sie unterschiedlich große Häuser für ein kleines Dorf häkeln möchten, brauchen Sie nur die Anzahl der Maschen in der Luftmaschenkette zu verändern und die Anzahl der Reihen entsprechend der gewünschten Höhe des Hauses anzupassen. Sie können die Filzwimpel durch gehäkelte Wimpel ersetzen. Befolgen Sie dafür die Anleitungen für das Dach bis zur 5. Reihe.

• MARIETTE •

Ich bin sicher, dass Sie diesem hübschen Vogel mit den golden schimmernden Flügeln und den schwarzen Beinen noch nie begegnet sind. Mariette ist zwar ein komischer Vogel, sie eignet sich aber hervorragend zum Schmusen!

SCHWIERIGKEITSGRAD: ★ – Maße: 29 × 11 cm

★ Material

1 Knäuel Häkelgarn Natura Ibiza Nr. 01 (DMC)

1 Knäuel Häkelgarn Natura Curry Nr. 74 (DMC)

1 Knäuel Häkelgarn Natura Noir Nr. 11 (DMC)

1 Knäuel rosa Perlgarn (DMC)

1 Knäuel Metallgarn Lumina Or L677 (DMC)

Häkelnadel Nr. 3

2 Sicherheitsaugen aus schwarzem und braunem Kunststoff, Ø 6 mm

Grundausstattung (siehe S. 5)

★ Verwendete Maschen

Luftmasche (Lm)

feste Masche (fM)

Kettmasche (Km)

Stäbchen (Stb)

So geht's:

1. Häkeln Sie den Kopf und den Körper in der Farbe Ibiza von der 1. bis zur 20. Runde. Verwenden Sie von der 21. bis zur 55. Runde im doppelten Faden die Farben Curry und Lumina Or und die Farbe Ibiza von der 56. bis zur letzten Runde.

1. Runde: Eine Luftmaschenkette aus 2 Lm anschlagen und 6 fM in die 1. Lm häkeln.

2. Runde: 1 Zun in jede fM der vorherigen Runde häkeln (= 12 fM).

3. Runde: *1 fM in die folgende M, dann 1 Zun in die folgende M* häkeln, noch 5-mal von * bis * wiederholen (= 18 fM).

4. Runde: *2 fM, 1 Zun* häkeln, noch 5-mal von * bis * wiederholen (= 24 fM).

5. Runde: *3 fM, 1 Zun* häkeln, noch 5-mal von * bis * wiederholen (= 30 fM).

6. Runde: *4 fM, 1 Zun* häkeln, noch 5-mal von * bis * wiederholen (= 36 fM).

7. Runde: *5 fM, 1 Zun* häkeln, noch 5-mal von * bis * wiederholen (= 42 fM).

8. Runde: *6 fM, 1 Zun* häkeln, noch 5-mal von * bis * wiederholen (= 48 fM).

9. Runde: *7 fM, 1 Zun* häkeln, noch 5-mal von * bis * wiederholen (= 54 fM).

Von der 10. bis zur 14. Runde: 1 fM in jede der 54 fM der vorherigen Runde häkeln (= 54 fM).

15. Runde: *7 fM, 1 Abn* häkeln, noch 5-mal von * bis * wiederholen (= 48 fM).

16. Runde: 1 fM in jede der 48 fM der vorherigen Runde häkeln (= 48 fM).

17. Runde: *6 fM, 1 Abn* häkeln, noch 5-mal von * bis * wiederholen (= 42 fM).

18. Runde: 1 fM in jede der 42 fM der vorherigen Runde häkeln (= 42 fM).

19. Runde: *5 fM, 1 Abn* häkeln, noch 5-mal von * bis * wiederholen (= 36 fM).

20. Runde: 1 fM in jede der 36 fM der vorherigen Runde häkeln (= 36 fM). Den Faden abschneiden.

21. Runde: In doppeltem Faden die Farben Curry und Lumina Or *4 fM, 1 Abn* häkeln, noch 5-mal von * bis * wiederholen (= 30 fM). Stecken Sie die Kunststoffaugen zwischen der 10. und 11. Runde fest, und lassen Sie dabei einen Abstand von 11 fM zwischen den Augen (siehe *Ein Gesicht machen*, S. 11).

»

»

22. Runde: *3 fM, 1 Abn* häkeln, noch 5-mal von * bis * wiederholen (= 24 fM). Den Kopf ausstopfen.

Von der 23. bis zur 32 Runde: 1 fM in jede der 24 fM der vorherigen Reihe häkeln (= 24 fM).

33. Runde: *3 fM, 1 Zun* häkeln, noch 5-mal von * bis * wiederholen (= 30 fM).

34. Runde: 1 fM in jede der 30 fM der vorherigen Runde häkeln (= 30 fM).

35. Runde: *4 fM, 1 Zun* häkeln, noch 5-mal von * bis * wiederholen (= 36 fM).

36. Runde: 1 fM in jede der 36 fM der vorherigen Runde häkeln (= 36 fM).

37. Runde: *5 fM, 1 Zun* häkeln, noch 5-mal von * bis * wiederholen (= 42 fM).

38. Runde: *6 fM, 1 Zun* häkeln, noch 5-mal von * bis * wiederholen (= 48 fM).

39. Runde: *7fM, 1 Zun* häkeln, noch 5-mal von * bis * wiederholen (= 54 fM) (a).

Von der 40. bis zur 55. Runde: 1 fM in jede der 54 fM der vorherigen Runde häkeln (= 54 fM). Den Faden abschneiden.

56. Runde: In der Farbe Ibiza *7 fM, 1 Abn* häkeln, noch 5-mal von * bis * wiederholen (= 48 fM). Den Körper ausstopfen.

57. Runde: *6 fM, 1 Abn* häkeln, noch 5-mal von * bis * wiederholen (= 42 fM).

a

58. Runde: *5 fM, 1 Abn* häkeln, noch 5-mal von * bis * wiederholen (= 36 fM).

59. Runde: *4 fM, 1 Abn* häkeln, noch 5-mal von * bis * wiederholen (= 30 fM). Den Körper fertig ausstopfen.

60. Runde: *3 fM, 1 Abn* häkeln, noch 5-mal von * bis * wiederholen (=24 fM).

61. Runde: *2 fM, 1 Abn* häkeln, noch 5-mal von * bis * wiederholen (= 18 fM).

62. Runde: *1 fM, 1 Abn* häkeln, noch 5-mal von * bis * wiederholen (=12 fM).

63. Runde: 6 Abn häkeln (= 6 fM).

64. Runde: 3 Abn häkeln, um den Körper unten zu verschließen. Die Arbeit mit 1 Km abschließen und den Faden abschneiden.

2. Arbeiten Sie die Flügel in der Farbe Ibiza.

1. Runde: Eine Luftmaschenkette aus 2 Lm häkeln und 6 fM in die 1. Lm häkeln.

2. Runde: 1 fM in jede fM der vorherigen Runde häkeln (= 6 fM).

3. Runde: 1 Zun in jede fM der vorherigen Runde häkeln (= 12 fM).

4. Runde: 1 fM in jede der 12 fM der vorherigen Runde häkeln (= 12 fM).

5. Runde: *1 fM, 1 Zun* häkeln, noch 5-mal von * bis * wiederholen (= 18 fM).

Von der 6. bis zur 9. Runde: 1 fM in jede der 18 fM der vorherigen Runde häkeln (= 18 fM).

»

»

10. Runde: *3 fM, 1 Abn* häkeln, noch 2-mal von * bis * wiederholen, die Runde mit 1 fM und 1 Abn beenden (= 14 fM).

11. und 12. Runde: 1 fM in jede der 14 fM der vorherigen Runde häkeln (= 14 fM).

13. Runde: *1 fM, 1 Abn* häkeln, noch 3-mal von * bis * wiederholen, die Runde mit 2 fM beenden (= 10 fM).

14. Runde: 1 fM in jede der 10 fM der vorherigen Runde häkeln (= 10 fM). Die Arbeit mit 1 Km abschließen und den Faden abschneiden. Häkeln Sie den gleichen Flügel noch einmal. Die Flügel werden nicht ausgestopft.

3. Häkeln Sie die Beine in der Farbe Noir.

1. Runde: Eine Luftmaschenkette aus 2 Lm anschlagen und 6 fM in die 1. Lm häkeln.

Von der 2. bis zur 19. Runde: 1 fM in jede fM der vorherigen Runde häkeln (= 6 fM). Den Beinanschluss glatt streichen und 3 Lm und 1 Stb häkeln, dabei darauf achten, dass die Häkelnadel in die 2 M gestochen wird, die sich gegenüberliegen. So wird die Beinröhre geschlossen (b). 3 Stb in die folgende M häkeln und mit 2 Stb in der letzten M beenden. Die Arbeit mit 1 Km abschließen und den Faden abschneiden.

Häkeln Sie das gleiche Bein noch einmal (c). Die Beine werden nicht ausgestopft.

4. Häkeln Sie den Schnabel in der Farbe Noir in doppeltem Faden mit dem rosa Perlgarn.

1. Runde: Eine Luftmaschenkette aus 2 Lm anschlagen und 6 fM in die 1. Lm häkeln.

Von der 2. bis zur 7. Runde: 1 fM in jede fM der vorherigen Runde häkeln (= 6 fM). Die Arbeit mit 1 Km abschließen und den Faden abschneiden. Den Schnabel ausstopfen (d).

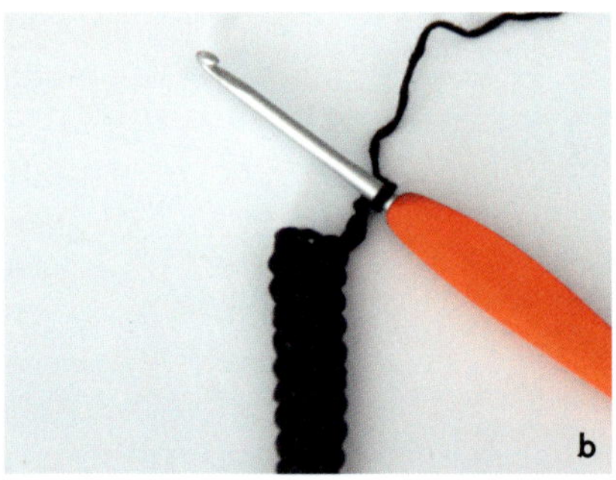
b

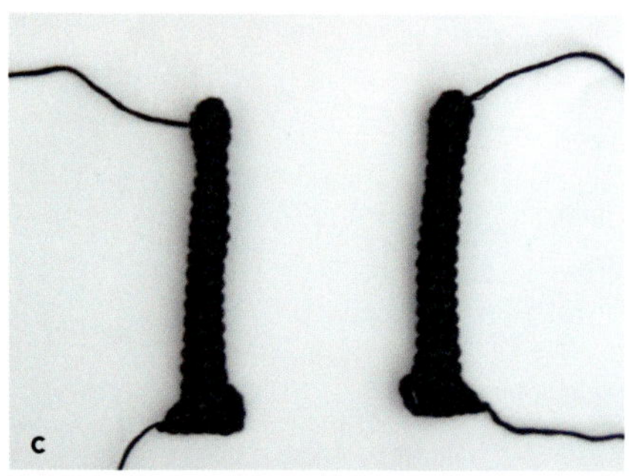
c

d

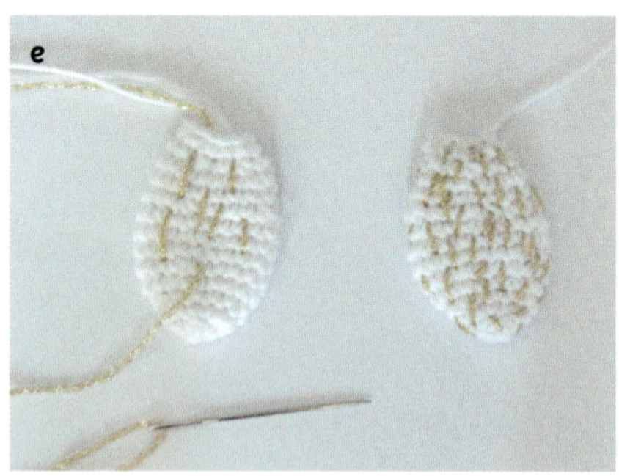
e

Fertigstellen

5. Besticken Sie zunächst die Flügel mit dem Garn Lumina Or (e). Legen Sie alle Teile des Körpers zusammen (f), die Flügel werden an beiden Seiten des Körpers auf Höhe der 35. Runde angenäht.

6. Nähen Sie dann den Schnabel in der 12. Runde des Kopfes fest. Befestigen Sie dazu ein paar Fäden mit einem doppelten Knoten zwischen den Maschen auf beiden Seiten des Schnabels.

7. Nähen Sie die Beine unter dem Körper an. Sticken Sie mithilfe einer Wollnadel Federn auf den Körper.

8. Färben Sie die Wangen (siehe *Ein Gesicht machen*, S. 11).

Variante

Stecken Sie doch ein paar kleine Glöckchen in den Körper, damit es ein musikalischer Vogel wird!

f

• SUSHI! •

Diese gehäkelten Sushi sind perfekt für die Sushi-Bar Ihres Kindes! Das Angebot reicht von Nigiri, die mit Omelette, Garnele, Lachs, Thunfisch oder Meerbrasse belegt sind, bis hin zu Maki-Sushi, gefüllt mit Avocado, Gurke, Lachs oder Krebsfleisch. Sie brauchen nichts weiter zu tun, als hin und wieder die Garnfarbe zu wechseln und sich an die Basiserklärungen zu halten, und auch die anspruchsvollste Kundschaft wird vollends zufrieden sein.

SCHWIERIGKEITSGRAD: ★ – Maße eines Sushi: 6 × 3,5 cm

★ Material

1 Knäuel Häkelgarn Natura Ivory Nr. 02 (DMC)
1 Knäuel Häkelgarn Natura Noir Nr. 11 (DMC)
1 Knäuel Häkelgarn Natura Crimson Nr. 61 (DMC)
1 Knäuel Häkelgarn Natura Safran Nr. 47 (DMC)
1 Knäuel Häkelgarn Natura Ibiza Nr. 01 (DMC)
1 Knäuel Häkelgarn Natura Bamboo Nr. 76 (DMC)
1 Knäuel weißes Perlgarn (DMC)
Häkelnadel Nr. 3
Grundausstattung (siehe S. 5)

★ Verwendete Maschen

Luftmasche (Lm)
feste Masche (fM)
Kettmasche (Km)
Stäbchen (Stb)
Doppelstäbchen (Dstb)

a

Das Nigiri

1. Häkeln Sie den Reis in der Farbe Ivory.

1. Runde: Eine Luftmaschenkette aus 2 Lm anschlagen und 8 fM in die 1. Lm häkeln.

2. Runde: 1 Zun in jede fM der vorherigen Runde häkeln (= 16 fM).

3. Runde: *1 fM in die folgende M, dann 1 Zun in die folgende M* häkeln, noch 7-mal von * bis * wiederholen (= 24 fM).

Von der 4. bis zur 15. Runde: 1 fM in jede der 24 fM der vorherigen Runde häkeln (= 24 fM).

16. Runde: *1 fM in die folgende M, dann 1 Abn in die folgende M* häkeln, 7-mal von * bis * wiederholen (= 16 fM). Reisstück füllen.

17. Runde: Auf der ganzen Runde Abn häkeln (= 8 fM).

18. Runde: Häkeln Sie Abn, bis das Reisstück geschlossen ist. Die Arbeit mit 1 Km abschließen und den Faden abschneiden (a, links).

2. Arbeiten Sie die Scheibe Fisch in der Farbe Crimson. Schlagen Sie hierfür eine Luftmaschenkette aus 10 Lm an. Häkeln Sie über diese Luftmaschenkette hin und zurück, und beginnen Sie jede Reihe mit 1 Lm, um die Höhe der 1. fM zu erreichen.

1. Reihe: 1 fM in jede Lm der Luftmaschenkette häkeln.

Von der 2. bis zur 12 . Reihe (+/–, der Länge des ausgestopften Reisstücks entsprechend): 1 fM in jede der 10 fM der vorherigen Reihe häkeln (= 10 fM). Die Arbeit abschließen und den Faden abschneiden (a, rechts).

3. Fertigen Sie den schwarzen Seetang, mit dem das Nigiri umwickelt werden soll, indem Sie in der Farbe Noir eine Luftmaschenkette aus ungefähr 30 fM anschlagen, je nach Größe des ausgestopften Reisstücks. Häkeln Sie 1 Km in die 1. Lm der Luftmaschenkette, sodass ein Ring entsteht. Die Arbeit abschließen und den Faden abschneiden.

4. Arbeiten Sie die Garnele in Hin- und Rückreihen in doppeltem Faden mit der Farbe Safran und dem weißen Perlgarn.

1. Reihe: Luftmaschenkette aus 3 Lm häkeln, dann 1 Lm zum Wenden.

2. Reihe: 1 Zun, 1 fM, 1 Zun, dann 1 Lm häkeln (= 5 fM).

3. Reihe: 1 Zun, 3 fM, 1 Zun, dann 1 Lm (= 7 fM).

4. Reihe: 1 Zun, 5 fM, 1 Zun, dann 1 Lm (= 9 fM).

Von der 5. bis zur 8. Reihe: 1 fM in jede der 9 fM der vorherigen Reihe, dann 1 Lm häkeln (= 9 fM).

>>

>>

9. Reihe: 1 Abn, 5 fM, 1 Abn, dann 1 Lm häkeln (= 7 fM).
10. Reihe: 1 fM in jede der 7 fM der vorherigen Reihe, dann 1 Lm häkeln (= 7 fM).
11. Reihe: 1 Abn, 3 fM, 1 Abn, dann 1 Lm häkeln (= 5 fM).
12. Reihe: 1 fM in jede der 5 fM der vorherigen Reihe, dann 1 Lm häkeln (= 5 fM).
13. Reihe: 1 Abn, 1 fM, 1 Abn, dann 1 Lm häkeln (= 3 fM).

Schneiden Sie an dieser Stelle nicht den Faden ab, 4 Lm, dann 1 Lm zum Wenden häkeln. Eine fM in die 1. Lm von der Häkelnadel aus häkeln, dann 1 Stb in die 2. Lm, 1 Dstb in die 3. Lm und 1 Dstb in die 4. Lm häkeln. 1 Km in die 2. fM der 13. Reihe häkeln. Ab hier wieder mit 4 Lm, dann 1 Lm zum Wenden weitermachen und einen zweiten Teil des Schwanzes anfertigen. Schließen Sie mit 1 Km in der 1. fM der 13. Reihe ab. Den Faden abschneiden (b).

5. Wenn Sie möchten, können Sie auf der Fischscheibe in der Farbe Ibiza Linien sticken (c). Stellen Sie das Fisch-Nigiri fertig, indem Sie die Scheibe Masche für Masche mit einer Wollnadel auf das Reisstück nähen (d). Verfahren Sie genauso mit dem Garnelen-Nigiri (e). Legen Sie den Ring aus Seetang um das Nigiri (f), und stecken Sie die Fäden hinein.

Das Maki

6. Arbeiten Sie das Blatt aus Nori (Seetang) oder den Reis in den Farben Noir bzw. Ivory. Schlagen Sie eine Luftmaschenkette aus 24 Lm an. Schließen Sie sie mit 1 Km in der 1. Lm der Luftmaschenkette zu einem Ring zusammen.

b

c

d

e

f

1. Runde: 1 fM in jede Lm der Luftmaschenkette häkeln (= 24 fM).

Von der 2. bis zur 6. Runde: 1 fM in jede fM der vorherigen Runde häkeln (= 24 fM). Die Arbeit mit 1 Km abschließen und den Faden abschneiden (g).

7. Fertigen Sie die Füllung des Maki an.

1. Runde: In der Farbe Safran eine Luftmaschenkette aus 2 Lm anschlagen und 6 fM in die 1. Lm häkeln.

2. Runde: 1 Zun in jede fM der vorherigen Runde häkeln (= 12 fM).

3. Runde: In der Farbe Bamboo *1 fM in die folgende M, dann 1 Zun in die folgende M* häkeln, noch 5-mal von * bis * wiederholen (= 18 fM).

4. Runde: In der Farbe Ivory *2 fM, 1 Zun* häkeln, noch 5-mal von * bis * wiederholen (= 24 fM). Die Arbeit mit 1 Km abschließen und den Faden abschneiden. Die gleiche Füllung noch einmal häkeln (h).

8. Stellen Sie das Maki fertig, indem Sie mit einer Sticknadel die beiden Füllungen auf und unter das Noriblatt bzw. den Reis nähen. Stopfen Sie es dabei nach und nach aus. Achten Sie darauf, dass alle Fäden im Maki verschwinden (i, j).

Tipp ***Wenn Sie Maki mit einem Noriblatt machen, nehmen Sie lieber eine feine Nähnadel und schwarzes Nähgarn zum Zusammennähen der einzelnen Teile. Die Stiche sind dann weniger auffällig.***

Variante

Wenn Sie Maki-Sushi oder Nigiri mit anderen Füllungen bzw. Belägen anfertigen wollen, brauchen Sie nur eine andere Garnfarbe zu nehmen. Damit die Sushi-Teile glänzend aussehen, verdoppeln Sie den Hauptfaden mit sehr feinem weißem Perlgarn von DMC (behalten Sie jedoch die Häkelnadel Nr. 3).

g

i

h

j

• KLEINE BIRNE •

Schon lange betrachte ich die Arbeiten von Elisabeth Dunker mit großer Bewunderung. Wie so viele ihrer Kreationen ist auch ihre Darstellung der kleinen Birne Pirum Parum zum Verlieben schön, und ich hatte große Lust, diese Birne mit dem ausdrucksstarken Gesicht nachzuhäkeln. Ich danke Elisabeth Dunker, die mir dafür freundlicherweise ihre Erlaubnis gegeben hat.

SCHWIERIGKEITSGRAD: ★ – Maße: 16 × 10 cm

★ Material

2 Knäuel Häkelgarn Natura Gris Argent Nr. 09 (DMC)

1 Knäuel Häkelgarn Natura Rose Soraya Nr. 32 (DMC)

1 Knäuel Häkelgarn Natura Siena Nr. 41 (DMC)

1 Knäuel rosa Perlgarn (DMC)

schwarzes Stickgarn

rosa Nähgarn

Häkelnadel Nr. 6

Häkelnadel Nr. 3

Häkelnadel Nr. 1,5

2 Sicherheitsaugen aus schwarzem Kunststoff, Ø 6 mm

Grundausstattung (siehe S. 5)

★ Verwendete Maschen

Luftmasche (Lm)

feste Masche (fM)

Kettmasche (Km)

Stäbchen (Stb)

Doppelstäbchen (Dstb)

So geht's:

1. Arbeiten Sie den Körper der Birne in der Farbe Gris Argent.

1. Runde: Mit der Häkelnadel Nr. 6 und doppeltem Faden eine Luftmaschenkette mit 2 Lm anschlagen und 6 fM in die 1. Lm häkeln.

2. Runde: 1 Zun in jede fM der vorherigen Runde häkeln (= 12 fM).

3. Runde: *1 fM in die folgende M, dann 1 Zun in die folgende M* häkeln, noch 5-mal von * bis * wiederholen (= 18 fM).

4. und 5. Runde: 1 fM in jede der 18 fM der vorherigen Runde häkeln (= 18 fM).

6. Runde: *2 fM, 1 Zun* häkeln, noch 5-mal von * bis * wiederholen (= 24 fM).

Von der 7. bis zur 10. Runde: 1 fM in jede der 24 fM der vorherigen Runde häkeln (= 24 fM).

11. Runde: *3 fM, 1 Zun* häkeln, noch 5-mal von * bis * wiederholen (= 30 fM).

Von der 12. bis zur 16. Runde: 1 fM in jede der 30 fM der voherigen Runde häkeln (= 30 fM).

17. Runde: *4 fM, 1 Zun* häkeln, noch 5-mal von * bis * wiederholen (= 36 fM).

18. Runde: *5 fM, 1 Zun* häkeln, noch 5-mal von * bis * wiederholen (= 42 fM).

19. Runde: *6 fM, 1 Zun* häkeln, noch 5-mal von * bis * wiederholen (= 48 fM).

20. Runde: *7 fM, 1 Zun* häkeln, noch 5-mal von * bis * wiederholen (= 54 fM).

Von der 21. bis zur 26. Runde: 1 fM in jede der 54 fM der vorherigen Runde häkeln (= 54 fM).

27. Runde: *7 fM, 1 Abn* häkeln, noch 5-mal von * bis * wiederholen (= 48 fM).

28. Runde: *6 fM, 1 Abn* häkeln, noch 5-mal von * bis * wiederholen (= 42 fM).

29. Runde: *5 fM, 1 Abn* häkeln, noch 5-mal von * bis * wiederholen (= 36 fM).

30. Runde: *4 fM, 1 Abn* häkeln, noch 5-mal von * bis * wiederholen (= 30 fM). Beginnen Sie mit dem Ausstopfen der Birne, und setzen Sie die Augen im Abstand von 9 fM (ca. 6 cm) zwischen der 20. und 21. Runde ein (siehe *Ein Gesicht machen*, S. 11).

»

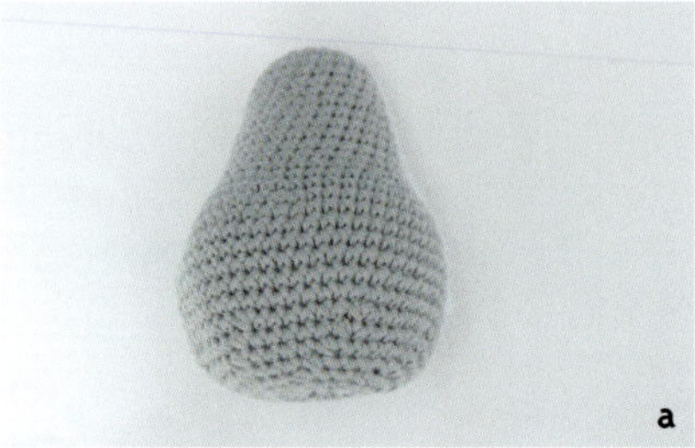

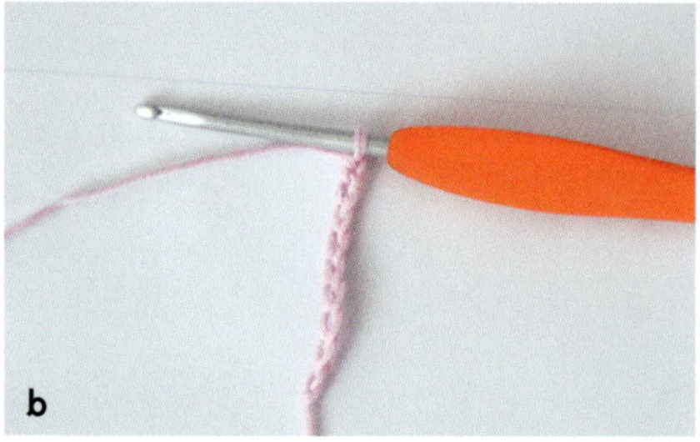

>>

31. Runde: *3 fM, 1 Abn* häkeln, noch 5-mal von * bis * wiederholen (= 24 fM).

32. Runde: *2 fM, 1 Abn* häkeln, noch 5-mal von * bis * wiederholen (= 18 fM), zu Ende ausstopfen.

33. Runde: *1 fM, 1 Abn* häkeln, noch 5-mal von * bis * wiederholen (= 12 fM).

34. Runde: 6 Abn häkeln (= 6 fM).

35. Runde: 3 Abn häkeln, um den Kopf zu schließen. Die Arbeit mit 1 Km abschließen und den Faden in einer Länge von 20 cm abschneiden, sodass die kurvige Form der Birne entsteht (a).

2. Arbeiten Sie die Wangen mit dem rosa Perlgarn mit der Häkelnadel Nr. 1,5.

1. Runde: Eine Luftmaschenkette mit 2 Lm anschlagen und 6 fM in die 1. Lm häkeln.

2. Runde: 1 Zun in jede fM der vorherigen Runde häkeln (= 12 fM).

3. Runde: *1 fM in die folgende M, dann 1 Zun in die folgende M* häkeln, noch 5-mal von * bis * wiederholen (= 18 fM). Die Arbeit mit 1 Km abschließen und den Faden abschneiden. Die zweite Wange genauso arbeiten.

3. Arbeiten Sie das Blatt in der Farbe Rose Soraya mit der Häkelnadel Nr. 3. Schlagen Sie eine Luftmaschenkette mit 10 Lm an (b).

1. Runde: 1 fM zum Wenden häkeln, dann 1 fM, 1 Stb, 6 Dstb, 1 Stb, 3 fM in die gleiche fM häkeln (c) und 1 Stb, 6 Dstb, 1 Stb und 1 fM häkeln. Die Arbeit mit 1 Km abschließen und den Faden in einer Länge von 20 cm abschneiden (d).

4. Arbeiten Sie den Stiel in der Farbe Siena mit der Häkelnadel Nr. 3. Schlagen Sie eine Luftmaschenkette mit 9 Lm an, und häkeln Sie dann 1 fM zum Wenden (e).

Wenden und 1 fM in jede der 9 Lm der vorherigen Runde häkeln (f). Die Arbeit mit 1 Km abschließen und den Faden in einer Länge von 20 cm abschneiden.

Achtung! *Lassen Sie bei jedem Häkelteil ein ca. 20 cm langes Stück Faden stehen, damit Sie die einzelnen Teile der Birne zusammennähen können.*

Fertigstellen

5. Stechen Sie mit einer großen Puppennadel den Restfaden einmal hin und zurück durch die Birne, und ziehen Sie ihn fest, sodass die Birne ihre endgültige Form erhält. Führen Sie den Faden dann wieder in die Birne.

6. Nähen Sie die beiden Wangen mit einer Nähnadel und rosa Nähgarn unterhalb der Augen an. Sticken Sie die Nase der Birne mit schwarzem Stickgarn (g).

7. Nähen Sie den Stiel und das Blatt oben an die Birne (h).

Variante

Mit der Häkelnadel Nr. 3 und einem grünen oder gelben Faden können Sie auch ein kleineres Stück Obst schaffen, das nur ungefähr halb so groß (9 cm) wie Pirum Parum, aber ebenso appetitlich wäre!

e

f

g

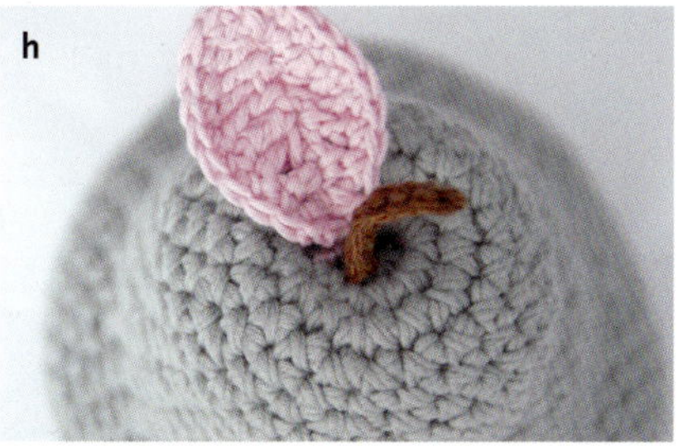
h

• GUNDULA •

Diese kleine Figur ist meiner Tochter Louise ganz besonders ans Herz gewachsen. Dank ihrer flachen Form und ihrer hängenden Ohren kann Gundula sich überall verstecken und ist vor der Hauskatze in Sicherheit.

SCHWIERIGKEITSGRAD: ★★ – Maße: 22 × 9 cm

★ Material

1 Knäuel Häkelgarn Natura Nacar Nr. 35 (DMC)

1 Knäuel Häkelgarn Natura Moss Green Nr. 75 (DMC)

1 Knäuel Metallgarn Lumina Or L677 (DMC)

braunes Stickgarn

Häkelnadel Nr. 3

1 Nase und 2 Sicherheitsaugen aus schwarzem Kunststoff, Ø 6 mm

2 × 30 cm großer Streifen eines Liberty-Stoffs

Grundausstattung (siehe S. 5)

★ Verwendete Maschen

Luftmasche (Lm)

feste Masche (fM)

Kettmasche (Km)

a

So geht's:

1. Arbeiten Sie den Kopf in der Farbe Nacar.

1. Runde: Eine Luftmaschenkette mit 2 Lm anschlagen und 6 fM in die 1. Lm häkeln.

2. Runde: 1 Zun in jede fM der vorherigen Runde häkeln (= 12 fM).

3. Runde: *1 fM in die folgende M, dann 1 Zun in die folgende M* häkeln, noch 5-mal von * bis * wiederholen (= 18 fM).

4. Runde: *2 fM, 1 Zun* häkeln, noch 5-mal von * bis * wiederholen (= 24 fM).

5. Runde: *3 fM, 1 Zun* häkeln, noch 5-mal von * bis * wiederholen (= 30 fM).

6. Runde: *4 fM, 1 Zun* häkeln, noch 5-mal von * bis * wiederholen (= 36 fM).

7. Runde: *5 fM, 1 Zun* häkeln, noch 5-mal von * bis * wiederholen (= 42 fM).

8. Runde: *6 fM, 1 Zun* häkeln, noch 5-mal von * bis * wiederholen (= 48 fM).

Von der 9. bis zur 22. Runde: 1 fM in jede der 48 fM der vorherigen Runde häkeln (= 48 fM). Die Arbeit mit 1 Km abschließen und den Faden abschneiden.

2. Arbeiten Sie die Beine in der Farbe Nacar. Häkeln Sie die 7., 8., 12. und 13. Runde mit doppeltem Faden der Garne Moss Green und Lumina Or.

1. Runde: Eine Luftmaschenkette mit 2 Lm anschlagen und 6 fM in die 1. Lm häkeln.

2. Runde: 1 Zun in jede fM der vorherigen Runde häkeln (= 12 fM).

3. Runde: *1 fM in die folgende M, dann 1 Zun in die folgende M* häkeln, noch 5-mal von * bis * wiederholen (= 18 fM).

Von der 4. bis zur 15 Runde: 1 fM in jede der 18 fM der vorherigen Runde häkeln (= 18 fM). Die Arbeit mit 1 Km abschließen und den Faden abschneiden. Ein zweites Bein genauso anfertigen, den Faden jedoch nicht abschneiden.

3. Arbeiten Sie den Körper in der Farbe Nacar. Häkeln Sie die 2., 3., 8. und 9. Runde mit doppeltem Faden der Garne Moss Green und Lumina Or.

1. Runde: 7 Lm am Ende des 2. Beins (a) häkeln, dann 1 fM in jede der 18 fM des 1. Beins, 7 Lm, dann 1 fM in jede der 18 fM des 2. Beins (das ergibt 7 + 18 + 7 + 18 = 50 fM).

>>

>>

Von der 2. bis zur 25. Runde: 1 fM in jede der 50 fM der vorherigen Runde häkeln (= 50 fM), (b, c).

26. Runde: 23 fM, 1 Abn, 23 fM, 1 Abn häkeln (= 48 fM). Die Arbeit mit 1 Km abschließen und den Faden abschneiden. Die Beine und den Körper ausstopfen. Den offenen Schritt mit Häkel- oder Nähgarn schließen.

4. Arbeiten Sie die Arme in der Farbe Nacar.

1. Runde: Eine Luftmaschenkette mit 2 Lm anschlagen und 6 fM in die 1. Lm häkeln.

2. Runde: 1 Zun in jede fM der vorherigen Runde häkeln (= 12 fM).

Von der 3. bis zur 23. Runde: 1 fM in jede der 12 fM der vorherigen Runde häkeln (= 12 fM). Die Arbeit mit 1 Km abschließen und den Faden abschneiden. Einen zweiten Arm genauso anfertigen. Die Arme nicht ausstopfen.

5. Arbeiten Sie die Ohren in der Farbe Nacar.

1. Runde: Eine Luftmaschenkette mit 2 Lm anschlagen und 6 fM in die 1. Lm häkeln.

2. Runde: 1 fM in jede fM der vorherigen Runde häkeln (= 6 fM).

3. Runde: 1 Zun in jede fM der vorherigen Runde häkeln (= 12 fM).

4. und 5. Runde: 1 fM in jede der 12 fM der vorherigen Runde häkeln (= 12 fM).

6. Runde: *1 fM in die folgende M, dann 1 Zun in die folgende M* häkeln, noch 5-mal von * bis * wiederholen (= 18 fM).

7. Runde: 1 fM in jede der 18 fM der vorherigen Runde häkeln (= 18 fM).

8. Runde: *2 fM, 1 Zun* häkeln, noch 5-mal von * bis * wiederholen (= 24 fM).

9. Runde: 1 fM in jede der 24 fM der vorherigen Runde häkeln (= 24 fM).

10. Runde: *3 fM, 1 Zun* häkeln, noch 5-mal von * bis * wiederholen (= 30 fM).

Von der 11. bis zur 14. Runde: 1 fM in jede der 30 fM der vorherigen Runde häkeln (= 30 fM).

15. Runde: *3 fM, 1 Abn* häkeln, noch 5-mal von * bis * wiederholen (= 24 fM).

16. Runde: 1 fM in jede der 24 fM der vorherigen Runde häkeln (= 24 fM).

17. Runde: *2 fM, 1 Abn* häkeln, noch 5-mal von * bis * wiederholen (= 18 fM).

18. Runde: 1 fM in jede der 18 fM der vorherigen Runde häkeln (= 18 fM).

19. Runde: *1 fM, 1 Abn* häkeln, noch 5-mal von * bis * wiederholen (= 12 fM).

20. Runde: *1 fM, 1 Abn* häkeln, noch 3-mal von * bis * wiederholen (= 8 fM). Die Arbeit mit 1 Km abschließen und den Faden abschneiden. Ein zweites Ohr genauso anfertigen. Die Ohren nicht ausstopfen.

b

c

Tipp: *Wenn Arme und Ohren nicht ausgestopft werden, wirkt die Figur zierlicher.*

Fertigstellen

6. Setzen Sie zunächst die Nase in der 13. Runde ein. Setzen Sie dann die Augen mit ca. 3 cm Abstand zueinander in der 12. Runde zwischen den Ohren und der Nase ein (siehe *Ein Gesicht machen*, S. 11).

7. Legen Sie alle Teile so vor sich hin, wie sie zusammengehören (d), und beginnen Sie, den Kopf mit einer Sticknadel an den Körper zu nähen. Stopfen Sie nach und nach den Kopf und den Körper aus. Färben Sie anschließend die Wangen (siehe *Ein Gesicht machen*, S. 11).

8. Sticken Sie die kleinen Striche mit dem Garn Lumina Or auf die Ohren (f). Nähen Sie die Ohren in der 6. Runde des Kopfes an (d).

9. Nähen Sie die Arme in der vorletzten Runde des Körpers an.

10. Sticken Sie mit braunem Stickgarn Krallen an die Beine und Arme der Figur, und schneiden Sie einen Streifen Liberty-Stoff (2 × 30 cm) zurecht. Nutzen Sie den Stoffstreifen als Schal für Gundula.

Tipp: *Da die Streifen im Farbverlauf dieses Modells schmal sind, sollten Sie den Faden nicht bei jedem Farbwechsel abschneiden, sondern ihn im Innern von Gundulas Beinen und Körper verlaufen lassen.*

d

e

f

Variante

Gundula würde auch mit einer Fliege sehr hübsch aussehen. Die Anleitung zur Fliege finden Sie in den Erklärungen zu *Josefine* (siehe S. 44).

• MINI-TRIO •

Wenn sie in einem hübschen Täschchen untergebracht sind, können diese Püppchen ihre kleinen Besitzer überallhin begleiten. Alle drei Körper werden in gleicher Weise gehäkelt. Sie können dann selbst entscheiden, welches Gesicht und welche Ohren am besten zur Figur passen!

SCHWIERIGKEITSGRAD: ★★ – Maße eines Püppchens: 12 × 4 cm

★ Material

1 Knäuel Häkelgarn Natura Moss Green Nr. 75 (DMC)

1 Knäuel Häkelgarn Natura Golden Lemon Nr. 43 (DMC)

1 Knäuel Häkelgarn Natura Gris Argent Nr. 09 (DMC)

neonrosa Stickgarn

schwarzes Nähgarn

weißes Nähgarn

Häkelnadel Nr. 3

1×20 cm großer Streifen eines Liberty-Stoffes

1 kleines Stück dicker weißer Wollfilz

Grundausstattung (siehe S. 5)

★ Verwendete Maschen

Luftmasche (Lm)

feste Masche (fM)

Kettmasche (Km)

So geht's:

1. Arbeiten Sie die Beine in der Farbe Ihrer Wahl.

1. Runde: Eine Luftmaschenkette mit 2 Lm anschlagen und 6 fM in die 1. Lm häkeln.

2. Runde: 1 Zun in jede fM der vorherigen Runde häkeln (= 12 fM).

Von der 3. bis zur 8. Runde: 1 fM in jede der 12 fM der vorherigen Runde häkeln (= 12 fM). Die Arbeit mit 1 Km abschließen und den Faden abschneiden. Ein zweites Bein genauso anfertigen, den Faden jedoch nicht abschneiden (a).

2. Arbeiten Sie den Körper in der gleichen Farbe.

1. Runde: Nehmen Sie das erste Bein, und legen Sie es neben das zweite, um beide miteinander zu verbinden. Ausgehend vom zweiten Bein, stechen Sie die Häkelnadel in die 1. M des ersten Beins (b), und häkeln Sie 1 fM in jede der 12 fM des zweiten Beins, dann häkeln Sie 1 fM in jede der 12 fM des zweiten Beins (das ergibt 12 + 12 = 24 fM).

Von der 2. bis zur 5. Runde: 1 fM in jede der 24 fM der vorherigen Runde häkeln (= 24 fM).

6. Runde: 5 fM, 1 Abn, 10 fM, 1 Abn, 5 fM häkeln (= 22 fM).

7. Runde: 1 fM in jede der 22 fM der vorherigen Runde häkeln (= 22 fM).

8. Runde: 5 fM, 1 Abn, 10 fM, 1 Abn, 3 fM häkeln (= 20 fM).

Von der 9. bis zur 13. Runde: 1 fM in jede der 20 fM der vorherigen Runde häkeln (= 20 fM).

14. Runde: 6 fM, 1 Abn, 12 fM häkeln (= 19 fM).

15. Runde: 6 fM, 1 Abn, 11 fM häkeln (= 18 fM). Beenden Sie die Arbeit mit 1 Km, und schneiden Sie den Faden ab. Fest ausstopfen. Sticken Sie mit neonrosa Stickgarn die kleinen Striche auf den Körper (c).

a

b

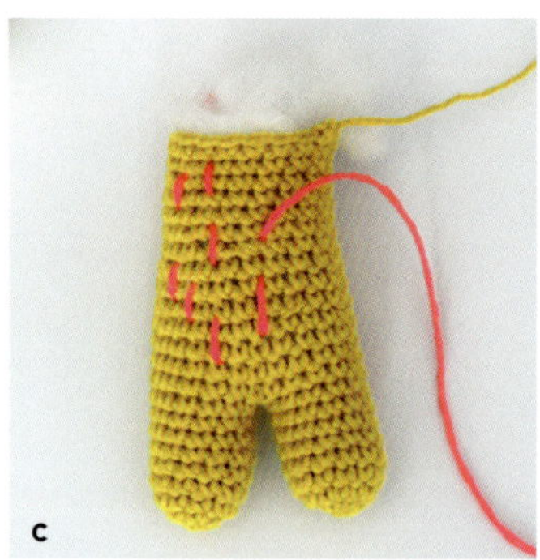
c

>>

Louise

»

3. Arbeiten Sie den Kopf mit der gleichen Farbe.

1. Runde: Eine Luftmaschenkette mit 2 Lm anschlagen und 6 fM in die 1. Lm häkeln.

2. Runde: 1 Zun in jede fM der vorherigen Runde häkeln (= 12 fM).

3. Runde: *1 fM in die folgende M, dann 1 Zun in die folgende M* häkeln, noch 5-mal von * bis * wiederholen (= 18 fM).

4. und 5. Runde: 1 fM in jede der 18 M der vorherigen Runde häkeln (= 18 fM).

6. Runde: *2 fM, 1 Zun* häkeln, noch 5-mal von * bis * wiederholen (= 24 fM).

Von der 7. bis zur 12. Runde: 1 fM in jede der 24 fM der vorherigen Runde häkeln (= 24 fM).

13 . Runde: *2 fM, 1 Abn* häkeln, noch 5-mal von * bis * wiederholen (= 18 fM). Die Arbeit mit 1 Km abschließen und den Faden abschneiden (d).

4. Arbeiten Sie die Ohren des Gris-Argent-Modells.

1. Runde: Eine Luftmaschenkette mit 2 Lm anschlagen und 6 fM in die 1. Lm häkeln.

2. Runde: *1 fM, 1 Zun* häkeln, noch 2-mal von * bis * wiederholen (= 9 fM).

Von der 3. bis zur 10. Runde: 1 fM in jede der 9 fM der vorherigen Runde häkeln (= 9 fM). Die Arbeit mit 1 Km abschließen und den Faden abschneiden. Ein zweites Ohr genauso anfertigen. Die Ohren nicht ausstopfen (e).

5. Arbeiten Sie die Ohren des Moss-Green-Modells.

1. Runde: Eine Luftmaschenkette mit 2 Lm anschlagen und 6 fM in die 1. Lm häkeln.

2. Runde: 1 Zun in jede fM der vorherigen Runde häkeln (= 12 fM).

3. Runde: *1 fM in die folgende M, dann 1 Zun in die folgende M* häkeln, noch 5-mal von * bis * wiederholen (= 18 fM). Die Arbeit mit 1 Km abschließen und den Faden abschneiden. Ein zweites Ohr genauso anfertigen. Die Ohren nicht ausstopfen (f).

6. Arbeiten Sie die Ohren des Golden-Lemon-Modells.

1. Runde: Eine Luftmaschenkette mit 2 Lm anschlagen und 6 fM in die 1. Lm häkeln.

2. Runde: 1 fM in jede fM der vorherigen Runde häkeln (= 6 fM).

3. Runde: *1 fM, 1 Zun* häkeln, noch 2-mal von * bis * wiederholen (= 9 fM).

4. und 5. Runde: 1 fM in jede der 9 fM der vorherigen Runde häkeln (= 9 fM). Die Arbeit mit 1 Km abschließen und den Faden abschneiden. Ein zweites Ohr genauso anfertigen. Die Ohren nicht ausstopfen (g).

d

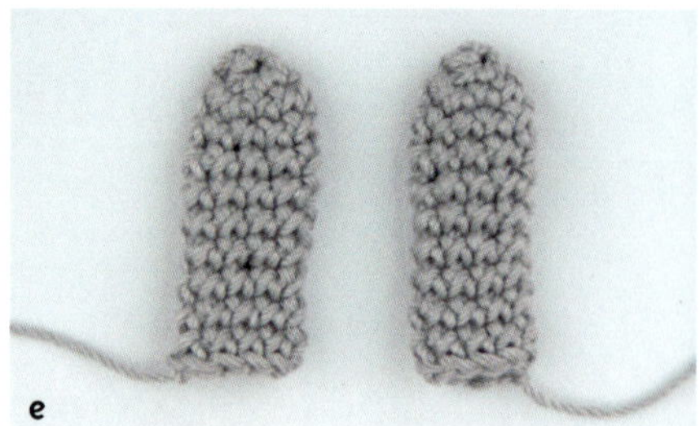

e

f

g

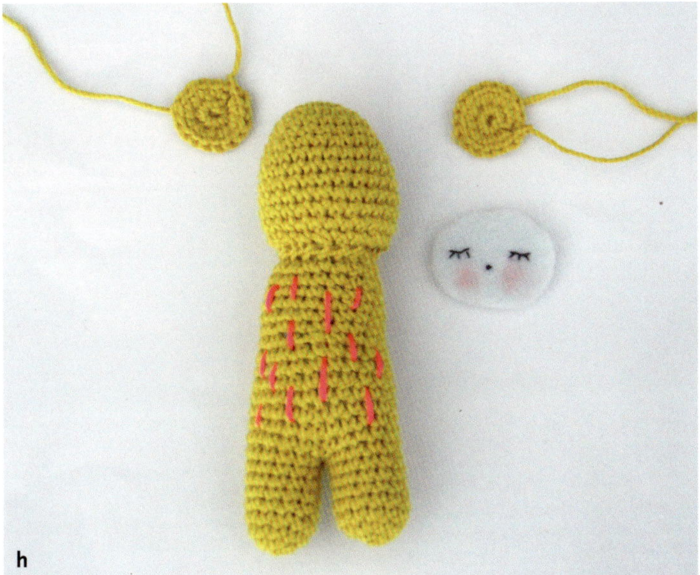

h

Fertigstellen

7. Legen Sie alle Teile so vor sich hin, wie sie zusammengehören (h). Nähen Sie den Kopf an den Körper und die Ohren an den Kopf des Püppchens. Stopfen Sie den Kopf nach und nach aus, während Sie ihn an den Körper nähen.

8. Schneiden Sie aus dem Stück Wollfilz ein Oval, das als Gesicht des Püppchens dienen soll. Sticken Sie mit einer Nähnadel und schwarzem Nähgarn das Gesicht auf (siehe *Ein Gesicht machen*, S. 11). Nähen Sie dann den Wollfilz mit einer Nähnadel und weißem Nähgarn auf den Kopf des Püppchens.

9. Arbeiten Sie noch zwei weitere Püppchen, damit das Trio komplett ist. Lediglich die Anleitungen für die Ohren sind verschieden. Wenn Sie Lust haben, können Sie die Figürchen noch mit einem kleinen Liberty-Schal (1 × 20 cm) oder mit einer Fliege (siehe *Josefine*, S. 44) ausstatten. Schlagen Sie für die Fliege 10 Lm an.

Variante

Wenn Sie ein größeres Püppchen häkeln möchten, verwenden Sie einfach doppelten Faden und eine Häkelnadel Nr. 6.

• JOSEFINE •

Mit dem grauen Kleidchen, dem feinen Mützchen und der hübschen Fliege ist Josefine ein sehr elegantes Hasenmädchen und das liebste Kuscheltier meiner sechsjährigen Tochter Lisenn.

SCHWIERIGKEITSGRAD: ★★ – Maße: 33 × 9 cm

★ Material

1 Knäuel Häkelgarn Natura Ibiza Nr. 01 (DMC)

1 Knäuel Häkelgarn Natura Ambar Nr. 04 (DMC)

1 Knäuel Metallgarn Lumina Argent L3866 (DMC)

dunkelviolettes Stickgarn

Häkelnadel Nr. 3

2 Sicherheitsaugen aus schwarzem Kunststoff, Ø 6 mm

Grundausstattung (siehe S. 5)

★ Verwendete Maschen

Luftmasche (Lm)

feste Masche (fM)

Kettmasche (Km)

So geht's:

1. Arbeiten Sie den Kopf in der Farbe Ibiza.

1. Runde: Eine Luftmaschenkette mit 2 Lm anschlagen und 6 fM in die 1. Lm häkeln.

2. Runde: 1 Zun in jede fM der vorherigen Runde häkeln (= 12 fM).

3. Runde: *1 fM in die folgende M, dann 1 Zun in die folgende M* häkeln, noch 5-mal von * bis * wiederholen (= 18 fM).

4. Runde: *2 fM, 1 Zun* häkeln, noch 5-mal von * bis * wiederholen (= 24 fM).

5. Runde: *3 fM, 1 Zun* häkeln, noch 5-mal von * bis * wiederholen (= 30 fM).

6. Runde: *4 fM, 1 Zun* häkeln, noch 5-mal von * bis * wiederholen (= 36 fM).

7. Runde: *5 fM, 1 Zun* häkeln, noch 5-mal von * bis * wiederholen (= 42 fM).

8. Runde: 1 fM in jede der 42 fM der vorherigen Runde häkeln (= 42 fM).

9. Runde: *6 fM, 1 Zun* häkeln, noch 5-mal von * bis * wiederholen (= 48 fM).

10. Runde: *7 fM, 1 Zun* häkeln, noch 5-mal von * bis * wiederholen (= 54 fM).

Von der 11. bis zur 17. Runde: 1 fM in jede der 54 fM der vorherigen Runde häkeln (= 54 fM).

18. Runde: *7 fM, 1 Abn* häkeln, noch 5-mal von * bis * wiederholen (= 48 fM).

19. Runde: *6 fM, 1 Abn* häkeln, noch 5-mal von * bis * wiederholen (= 42 fM).

20. Runde: *5 fM, 1 Abn* häkeln, noch 5-mal von * bis * wiederholen (= 36 fM).

21. Runde: *4 fM, 1 Abn* häkeln, noch 5-mal von * bis * wiederholen (= 30 fM).

22. Runde: *3 fM, 1 Abn* häkeln, noch 5-mal von * bis * wiederholen (= 24 fM). Am Ende dieser Runde setzen Sie die Sicherheitsaugen zwischen der 13. und 14. Runde mit 4 bis 5 cm Abstand zueinander ein (siehe *Ein Gesicht machen*, S. 11). Beginnen Sie mit dem Ausstopfen des Kopfes.

23. Runde: *2 fM, 1 Abn* häkeln, noch 5-mal von * bis * wiederholen (= 18 fM).

24. Runde: *1 fM, 1 Abn* häkeln, noch 5-mal von * bis * wiederholen (= 12 fM). Stopfen Sie den Kopf fertig aus.

25. Runde: 6 Abn häkeln (= 6 fM).

>>

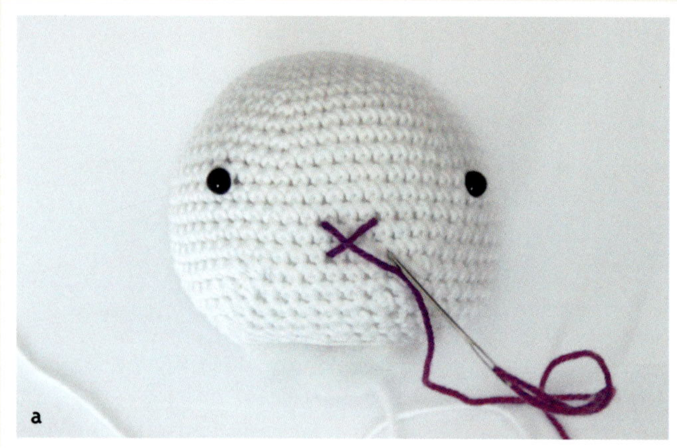
a

b

c

>>

26. Runde: 3 Abn häkeln, um den Kopf zu schließen. Beenden Sie nun die Arbeit mit 1 Km, und schneiden Sie den Faden ab. Sticken Sie mit der Sticknadel und violettem Stickgarn ein Kreuz in die Mitte des Hasengesichts (a).

2. Arbeiten Sie die Beine in der Farbe Ibiza.

1. Runde: Eine Luftmaschenkette mit 2 Lm anschlagen und 6 fM in die 1. Lm häkeln.

2. Runde: 1 Zun in jede fM der vorherigen Runde häkeln (= 12 fM).

3. Runde: *1 fM in die folgende M, dann 1 Zun in die folgende M* häkeln, noch 5-mal von * bis * wiederholen (= 18 fM).

Von der 4. bis zur 35. Runde: 1 fM in jede der 18 fM der vorherigen Runde häkeln (= 18 fM). Die Arbeit mit 1 Km abschließen und den Faden abschneiden. Ein zweites Bein genauso häkeln, den Faden aber nicht abschneiden. Dann beide Beine ausstopfen.

3. Arbeiten Sie den Oberkörper in der Farbe Ibiza. Wechseln Sie ab der 5. Runde zu der Farbe Ambar in doppeltem Faden mit Lumina Argent.

1. Runde: Legen Sie das erste Bein neben das zweite, um beide miteinander zu verbinden. Ausgehend vom zweiten Bein stechen Sie die Häkelnadel in die 1. M des ersten Beins (b) und häkeln 1 fM in jede der 18 fM des ersten Beins, häkeln Sie dann 1 fM in jede der 18 fM des zweiten Beins (das ergibt 18 + 18 = 36 fM).

Von der 2. bis zur 6. Runde: 1 fM in jede der 36 fM der vorherigen Runde häkeln (= 36 fM). Ab der 5. Runde in doppeltem Faden mit den Farben Ambar und Lumina Argent häkeln.

7. Runde: 1 fM in jede der 36 fM der vorherigen Runde häkeln, dabei jedoch die Häkelnadel in die hintere Masche stechen, damit Sie beim zweiten Mal den Rock an dieser Runde befestigen können (= 36 fM), (c).

8. Runde: 1 fM in jede der 36 fM der vorherigen Runde häkeln (= 36 fM).

9. Runde: 11 fM, 1 Abn, 15 fM, 1 Abn, 6 fM häkeln (= 34 fM).

Von der 10. bis zur 12 Runde: 1 fM in jede der 34 fM der vorherigen Runde häkeln (= 34 fM).

13. Runde: 11 fM, 1 Abn, 15 fM, 1 Abn, 4 fM häkeln (= 32 fM).

Von der 14. bis zur 21. Runde: 1 fM in jede der 32 fM der vorherigen Runde häkeln (= 32 fM).

22. Runde: 12 fM, 1 Abn, 14 fM, 1 Abn, 2 fM häkeln (= 30 fM). Mit dem Ausstopfen beginnen.

23. Runde: 1 fM in jede der 30 fM der vorherigen Runde häkeln (= 30 fM).

24. Runde: *3 fM, 1 Abn* häkeln, noch 5-mal von * bis * wiederholen (= 24 fM).

25. und 26. Runde: 1 fM in jede der 24 fM der vorherigen Runde häkeln (= 24 fM).

27. Runde: *2 fM, 1 Abn* häkeln, noch 5-mal von * bis * wiederholen (= 18 fM); zu Ende ausstopfen. Die Arbeit mit 1 Km abschließen und den Faden abschneiden.

4. Arbeiten Sie den Rock mit der Farbe Ambar in doppeltem Faden mit Lumina Argent.

1. Runde: Am unteren Rücken die Häkelnadel mittig in die hintere Masche stechen, die in der 7. Runde des Oberkörpers freigelassen wurde. *1 fM, 1 Zun* häkeln, noch 17-mal von * bis * rund um den Oberkörper wiederholen (= 54 fM) (d, e).

Von der 2. bis zur 8. Runde: 1 fM in jede der 54 fM der vorherigen Runde häkeln (= 54 fM). Die Arbeit mit 1 Km abschließen und den Faden abschneiden.

5. Arbeiten Sie die Arme in der Farbe Ibiza. Verwenden Sie ab der 5. Runde im doppelten Faden die Farben Ambar und Lumina Argent.

1. Runde: Eine Luftmaschenkette mit 2 Lm anschlagen und 6 fM in die 1. Lm häkeln.

2. Runde: 1 Zun in jede fM der vorherigen Runde häkeln (= 12 fM).

3. Runde: *2 fM, 1 Zun* häkeln, noch 3-mal von * bis * wiederholen (= 16 fM).

4. und 5. Runde: 1 fM in jede der 16 fM der vorherigen Runde häkeln (= 16 fM). In der 5. Runde die Farbe wechseln.

6. Runde: *3 fM, 1 Abn* häkeln, noch 2-mal von * bis * wiederholen und die Runde mit 1 fM beenden (= 13 fM).

Von der 7. bis zur 29 Runde: 1 fM in jede der 13 fM der vorherigen Runde häkeln (= 13 fM). Die Arbeit mit 1 Km abschließen und den Faden abschneiden. Einen zweiten Arm genauso häkeln. Die Arme nicht ausstopfen.

6. Arbeiten Sie die Ohren in der Farbe Ibiza.

1. Runde: Eine Luftmaschenkette mit 2 Lm anschlagen und 6 fM in die 1. Lm häkeln.

2. Runde: 1 fM in jede fM der vorherigen Runde häkeln (= 6 fM).

3. Runde: 1 Zun in jede fM der vorherigen Runde häkeln (= 12 fM).

4. Runde: 1 fM in jede der 12 fM vorherigen Runde häkeln (= 12 fM).

5. Runde: *1 fM, 1 Zun* häkeln, noch 5-mal von * bis * wiederholen (= 18 fM).

Von der 6. bis zur 9. Runde: 1 fM in jede der 18 fM der vorherigen Runde häkeln (= 18 fM).

10. Runde: *3 fM, 1 Abn* häkeln, noch 2-mal von * bis * wiederholen, die Runde mit 1 fM, 1 Abn beenden (= 14 fM).

11. und 12 Runde: 1 fM in jede der 14 fM der vorherigen Runde häkeln (= 14 fM).

>>

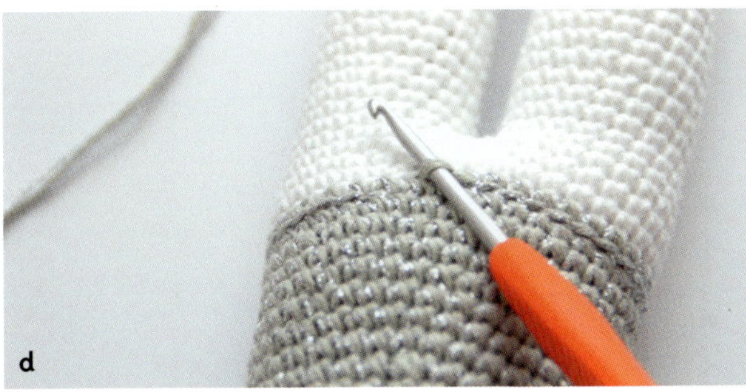
d

e

>>

13. Runde: *1 fM, 1 Abn* häkeln, noch 3-mal von * bis * wiederholen, die Runde mit 2 fM beenden (= 10 fM).

14. Runde: 1 fM in jede der 10 fM der vorherigen Runde häkeln (= 10 fM). Die Arbeit mit 1 Km abschließen und den Faden abschneiden. Ein zweites Ohr genauso häkeln. Die Ohren nicht ausstopfen.

7. Arbeiten Sie die Mütze in der Farbe Ibiza.

1. Runde: Eine Luftmaschenkette mit 2 Lm anschlagen und 6 fM in die 1. Lm häkeln.

2. Runde: 1 Zun in jede fM der vorherigen Runde häkeln (= 12 fM).

3. Runde: *1 fM in die folgende M, dann 1 Zun in die folgende M* häkeln, noch 5-mal von * bis * wiederholen (= 18 fM).

4. Runde: *2 fM, 1 Zun* häkeln, noch 5-mal von * bis * wiederholen (= 24 fM).

5. Runde. *3 fM, 1 Zun* häkeln, noch 5-mal von * bis * wiederholen (= 30 fM).

6. Runde: *4 fM, 1 Zun* häkeln, noch 5-mal von * bis * wiederholen (= 36 fM).

7. Runde: *5 fM, 1 Zun* häkeln, noch 5-mal von * bis * wiederholen (= 42 fM).

8. Runde: *6 fM, 1 Zun* häkeln, noch 5-mal von * bis * wiederholen (= 48 fM).

9. Runde: *7 fM, 1 Zun* häkeln, noch 5-mal von * bis * wiederholen (= 54 fM).

Von der 10. bis zur 13. Runde: 1 fM in jede der 54 fM der vorherigen Runde häkeln (= 54 fM).

14. Reihe: Ab hier bis zum Ende der Mütze in Hin- und Rückreihen arbeiten. 46 fM, dann 1 Lm häkeln und die Arbeit wenden (= 46 fM).

15. Reihe: 46 fM, dann 1 Lm häkeln und die Arbeit wenden (= 46 fM).

Von der 16. bis zur 18. Reihe: 46 fM, dann 1 Lm häkeln und die Arbeit wenden. (= 46 fM).

19. Reihe: In dieser Reihe liegen die beiden Öffnungen, durch welche die Ohren gesteckt werden. 16 fM, 5 Lm häkeln, dann 5 M überspringen und 4 fM häkeln (nach den 5 M, die Sie übersprungen haben), danach 5 Lm häkeln, 5 M überspringen und 16 fM häkeln, dann 1 Lm häkeln und die Arbeit wenden (= 46 fM), (f).

Von der 20. bis zur 23. Reihe: 46 fM, dann 1 Lm häkeln und die Arbeit wenden (= 46 fM). Die Arbeit mit 1 Km abschließen und den Faden abschneiden.

8. Arbeiten Sie nun die Fliege. Schlagen Sie dafür eine Luftmaschenkette mit 14 Lm in der Farbe Ihrer Wahl an. Häkeln Sie in Hin- und Rückreihen auf dieser Luftmaschenkette, wobei Sie jede Reihe mit 1 Lm beginnen, um die Höhe der 1. fM zu erreichen.

1. Reihe: 1 fM in jede Lm der Luftmaschenkette häkeln.

g

f

h

i

Von der 2. bis zur 12. Reihe: 1 fM in jede der 14 fM der vorherigen Reihe häkeln (= 14 fM). Die Arbeit mit 1 Km abschließen. Den Faden in einer Länge von 40 cm abschneiden.

Führen Sie den Faden mit einer Sticknadel in die Mitte des Rechtecks, das Sie gehäkelt haben (g), und wickeln Sie ihn so um das Rechteck, dass die Form einer Fliege entsteht. Führen Sie auch den Anfangsfaden in die Mitte, und verknoten Sie die beiden Fäden miteinander (h).

Tipp: ***Stopfen Sie den Kopf fest aus. Bevor Sie ihn am Körper festnähen, setzen Sie dem Hasenmädchen die Mütze auf, um zu sehen, ob sie passt. Wenn sie zu locker sitzt, stopfen Sie noch etwas mehr Füllmaterial in den Kopf.***

Variante

Sie können die gehäkelte Fliege durch einen hübschen Schal aus Liberty-Stoff ersetzen, für den Sie einen etwa 1,5 × 30 cm großen Stoffstreifen benötigen.

Fertigstellen

9. Legen Sie die Teile so vor sich hin, wie sie zusammengehören (i). Nähen Sie als Erstes mit einer Sticknadel den Kopf Masche für Masche am Körper des Hasenmädchens an.

10. Befestigen Sie dann die Arme an der vorletzten Runde des Hasenkörpers.

11. Nähen Sie die beiden Ohren in Höhe der 4. Runde am Hasenkopf an.

12. Setzen Sie die Mütze auf, und nähen Sie die Fliege am Hals an.

13. Färben Sie die Wangen (siehe *Ein Gesicht machen*, S. 11).

• HIMBEERCHEN •

Finden Sie den nostalgischen Blick von Himbeerchen nicht auch ganz entzückend? Nachdem ich lange mit meinen Kindern darüber diskutiert habe, sind wir uns über das Wesen dieser kleinen Figur immer noch nicht im Klaren. Für die einen ist sie ein Lämmchen, für die anderen ein Kaninchen mit Hängeohren und für wieder andere sogar ein Hündchen. Das letzte Wort hat hier wohl der Besitzer dieser kleinen Figur!

SCHWIERIGKEITSGRAD: ★★ – Maße: 29 × 11 cm

★ Material

1 Knäuel Häkelgarn Natura Ibiza Nr. 01 (DMC)

1 Knäuel Häkelgarn Natura Safran Nr. 47 (DMC)

1 Knäuel Häkelgarn Natura Spring Rose Nr. 07 (DMC)

schwarzes Stickgarn

Häkelnadel Nr. 3

2 Sicherheitsaugen aus schwarzem Kunststoff, Ø 6 mm

1,5 × 30 cm großer Streifen eines Liberty-Stoffes

Grundausstattung (siehe S. 5)

★ Verwendete Maschen

Luftmasche (Lm)

feste Masche (fM)

Kettmasche (Km)

So geht's:

1. Arbeiten Sie den Kopf in der Farbe Ibiza.

1. Runde: Eine Luftmaschenkette mit 2 Lm anschlagen und 6 fM in die 1. Lm häkeln.

2. Runde: 1 Zun in jede fM der vorherigen Runde häkeln (= 12 fM).

3. Runde: *1 fM in die folgende M, dann 1 Zun in die folgende M* häkeln, noch 5-mal von * bis * wiederholen (= 18 fM).

4. Runde: *2 fM, 1 Zun* häkeln, noch 5-mal von * bis * wiederholen (= 24 fM).

5. Runde: *3 fM, 1 Zun* häkeln, noch 5-mal von * bis * wiederholen (= 30 fM).

6. Runde: *4 fM, 1 Zun* häkeln, noch 5-mal von * bis * wiederholen (= 36 fM).

7. Runde: *5 fM, 1 Zun* häkeln, noch 5-mal von * bis * wiederholen (= 42 fM).

8. Runde: *6 fM, 1 Zun* häkeln, noch 5-mal von * bis * wiederholen (= 48 fM).

9. Runde: 1 fM in jede der 48 fM der vorherigen Runde häkeln (= 48 fM).

10. Runde: *7 fM, 1 Zun* häkeln, noch 5-mal von * bis * wiederholen (= 54 fM).

Von der 11. bis zur 17. Runde: 1 fM in jede der 54 fM der vorherigen Runde häkeln (= 54 FM).

18. Runde: *7 fM, 1 Abn* häkeln, noch 5-mal von * bis * wiederholen (= 48 fM).

19. Runde: 1 fM in jede der 48 fM der vorherigen Runde häkeln (= 48 fM).

20. Runde: *6 fM, 1 Abn* häkeln, noch 5-mal von * bis * wiederholen (= 42 fM). Am Ende dieser Runde setzen Sie die Sicherheitsaugen zwischen der 13. und 14. Runde mit 4 bis 5 cm Abstand zueinander ein (siehe *Ein Gesicht machen*, S. 11). Beginnen Sie mit dem Ausstopfen.

21. Runde: *5 fM, 1 Abn* häkeln, noch 5-mal von * bis * wiederholen (= 36 fM).

22. Runde: *4 fM, 1 Abn* häkeln, noch 5-mal von * bis * wiederholen (= 30 fM).

23. Runde: *3 fM, 1 Abn* häkeln, noch 5-mal von * bis * wiederholen (= 24 fM); zu Ende ausstopfen.

24. Runde: *2 fM, 1 Abn* häkeln, noch 5-mal von * bis * wiederholen (= 18 fM). Die Arbeit mit 1 Km abschließen und den Faden abschneiden.

>>

a

»

2. Arbeiten Sie die Arme in der Farbe Ibiza und ab der 5. Runde in der Farbe Spring Rose.

1. Runde: Eine Luftmaschenkette mit 2 Lm anschlagen und 6 fM in die 1. Lm häkeln.

2. Runde: 1 Zun in jede fM der vorherigen Runde häkeln (= 12 fM).

Von der 3. bis zur 27. Runde: 1 fM in jede der 12 fM der vorherigen Runde häkeln (= 12 fM). Die Farbe in der 5. Runde wechseln. Die Arbeit mit 1 Km abschließen und den Faden abschneiden. Einen zweiten Arm genauso häkeln. Die Arme nicht ausstopfen.

3. Arbeiten Sie die Beine in der Farbe Safran und ab der 6. Runde in der Farbe Spring Rose.

1. Runde: Eine Luftmaschenkette mit 2 Lm anschlagen und 6 fM in die 1. Lm häkeln.

2. Runde: 1 Zun in jede fM der vorherigen Runde häkeln (= 12 fM).

3. Runde: *2 fM, 1 Zun* häkeln, noch 3-mal von * bis * wiederholen (= 16 fM).

Von der 4. bis zur 26. Runde: 1 fM in jede der 16 fM der vorherigen Runde häkeln (= 16 fM). Die Farbe in der 6. Runde wechseln. Die Arbeit mit 1 Km abschließen und den Faden abschneiden. Ein zweites Bein genauso häkeln, aber den Faden nicht abschneiden.

4. Arbeiten Sie den Körper in der Farbe Spring Rose.

1. Runde: Nehmen Sie das erste Bein, und legen Sie es neben das zweite, um beide miteinander zu verbinden. Ausgehend vom zweiten Bein, stechen Sie die Häkelnadel in die 1. M des ersten Beins (a). Häkeln Sie 1 fM in jede der 16 fM des ersten Beins, dann 1 fM in jede der 16 fM des zweiten Beins (das ergibt 16 + 16 = 32 fM).

Von der 2. bis zur 15. Runde: 1 fM in jede der 32 fM der vorherigen Runde häkeln (= 32 fM).

16. Runde: 11 fM, 1 Abn, 14 fM, 1 Abn, 3 fM häkeln (= 30 fM).

17. Runde: 1 fM in jede der 30 fM der vorherigen Runde häkeln (= 30 fM).

18. Runde: 11 fM, 1 Abn, 12 fM, 1 Abn, 3 fM häkeln (= 28 fM). Mit dem Ausstopfen beginnen.

19. und 20. Runde: 1 fM in jede der 28 fM der vorherigen Runde häkeln (= 28 fM).

21. Runde: 11 fM, 1 Abn, 13 fM, 1 Abn häkeln (= 26 fM).

22. Runde: 1 fM in jede der 26 fM der vorherigen Runde häkeln (= 26 fM).

23. Runde: 11 fM, 1 Abn, 11 fM, 1 Abn häkeln (= 24 fM).

24. und 25. Runde: 1 fM in jede der 24 fM der vorherigen Runde häkeln (= 24 fM).

26. Runde: *2 fM, 1 Abn* häkeln, noch 5-mal von * bis * wiederholen (= 18 fM); zu Ende ausstopfen.

27. und 28. Runde: 1 fM in jede der 18 fM der vorherigen Runde häkeln (= 18 fM). Die Arbeit mit 1 Km beenden und den Faden abschneiden.

5. Arbeiten Sie die Mütze in der Farbe Spring Rose.

1. Runde: Eine Luftmaschenkette mit 2 Lm anschlagen und 6 fM in die 1. Lm häkeln.

2. Runde: 1 Zun in jede fM der vorherigen Runde häkeln (= 12 fM).

3. Runde: *1 fM in die folgende M, dann 1 Zun in die folgende M* häkeln, noch 5-mal von * bis * wiederholen (= 18 fM).

4. Runde: *2 fM, 1 Zun* häkeln, noch 5-mal von * bis * wiederholen (= 24 fM).

5. Runde: *3 fM, 1 Zun* häkeln, noch 5-mal von * bis * wiederholen (= 30 fM).

6. Runde: *4 fM, 1 Zun* häkeln, noch 5-mal von * bis * wiederholen (= 36 fM).

7. Runde: *5 fM, 1 Zun* häkeln, noch 5-mal von * bis * wiederholen (= 42 fM).

8. Runde: *6 fM, 1 Zun* häkeln, noch 5-mal von * bis * wiederholen (= 48 fM).

9. Runde: *7 fM, 1 Zun* häkeln, noch 5-mal von * bis * wiederholen (= 54 fM).

10. Runde: *8 fM, 1 Zun* häkeln, noch 5-mal von * bis * wiederholen (= 60 fM).

Von der 11. bis zur 19. Runde: 1 fM in jede der 60 fM der vorherigen Runde häkeln (= 60 fM). Die Arbeit mit 1 Km abschließen und den Faden abschneiden.

6. Arbeiten Sie die Ohren in der Farbe Spring Rose.

1. Runde: Eine Luftmaschenkette mit 2 Lm anschlagen und 6 fM in die 1. Lm häkeln.

2. Runde: 1 fM in jede fM der vorherigen Runde häkeln (= 6 fM).

3. Runde: 1 Zun in jede fM der vorherigen Runde häkeln (= 12 fM).

4. Runde: 1 fM in jede der 12 fM der vorherigen Runde häkeln (= 12 fM).

5. Runde: *1 fM in die folgende M, dann 1 Zun in die folgende M* häkeln, noch 5-mal von * bis * wiederholen (= 18 fM).

6. Runde: 1 fM in jede der 18 fM der vorherigen Runde häkeln (= 18 fM).

7. Runde: *3 fM, 1 Zun* häkeln, noch 3-mal von * bis * wiederholen. Die Runde mit 2 fM beenden (= 22 fM).

Von der 8. bis zur 11. Runde: 1 fM in jede der 22 fM der vorherigen Runde häkeln (= 22 fM).

12. Runde: *3 fM, 1 Abn* häkeln, noch 3-mal von * bis * wiederholen. Die Runde mit 2 fM beenden (= 18 fM).

13. Runde: 1 fM in jede der 18 fM der vorherigen Runde häkeln (= 18 fM).

14. Runde: *2 fM, 1 Abn* häkeln, noch 3-mal von * bis * wiederholen. Die Runde mit 2 fM beenden (= 14 fM).

15. und 16. Runde: 1 fM in jede der 14 fM der vorherigen Runde häkeln (= 14 fM).

17. Runde: *1 fM, 1 Abn* häkeln, noch 3-mal von * bis * wiederholen. Die Runde mit 2 fM beenden (= 10 fM).

18. und 19. Runde: 1 fM in jede der 10 fM der vorherigen Runde häkeln (= 10 fM). Die Arbeit mit 1 Km abschließen und den Faden abschneiden. Ein zweites Ohr genauso häkeln. Die Ohren nicht ausstopfen.

Tipp: *Stopfen Sie den Kopf fest aus. Bevor Sie ihn am Körper festnähen, setzen Sie Himbeerchen die Mütze auf, um zu sehen, ob sie passt. Wenn sie zu locker sitzt, stopfen Sie noch etwas mehr Füllmaterial in den Kopf.*

Fertigstellen

7. Bevor Sie die Teile zusammenfügen, führen Sie noch die Stickereien im Gesicht und auf dem Körper aus. So ist es einfacher, die Fäden zu verbergen. Sticken Sie die Nase mit schwarzem Stickgarn (b), und besticken Sie den Körper mit Häkelgarn der Farbe Ibiza (c).

>>

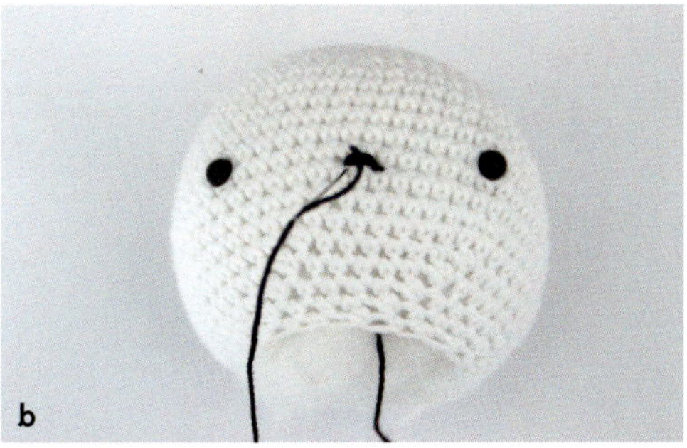
b

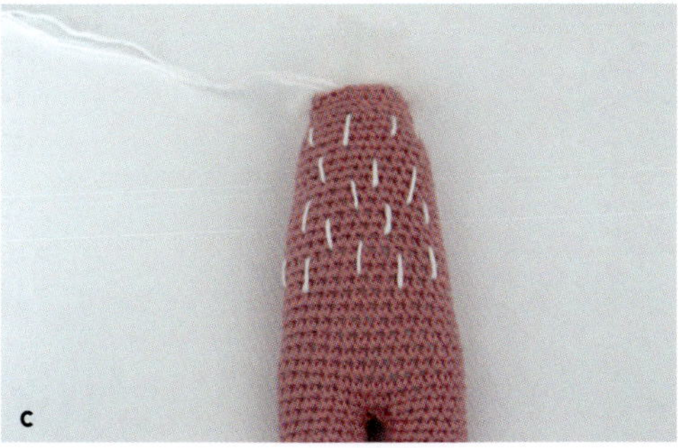
c

»

8. Legen Sie die Teile so vor sich hin, wie sie zusammengehören (d). Nähen Sie mit einer Sticknadel den Kopf Masche für Masche an den Körper (e).

9. Nähen Sie die Arme in der vorletzten Runde des Körpers an.

10. Nähen Sie die Ohren in Höhe der 15. Runde der Mütze an.

11. Färben Sie die Wangen (siehe *Ein Gesicht machen*, S. 11).

12. Setzen Sie Ihrer Figur die Mütze auf, und schneiden Sie einen Streifen Liberty-Stoff (30 × 1,5 cm) zurecht. Nutzen Sie den Stoffstreifen als Schal für Himbeerchen.

Variante

Sie können den Schal aus Liberty-Stoff durch eine Fliege ersetzen, die Sie entweder aus Tüll anfertigen oder häkeln. Die Anleitung für eine gehäkelte Fliege finden Sie in den Erklärungen zu *Josefine* (siehe S. 44).

Variante

Sie können diesem Figürchen auch eine persönlichere Note verleihen, indem Sie den ganzen Körper oder nur einen Teil in Streifen arbeiten. In diesem Fall schneiden Sie den Faden bei einem Farbwechsel nicht ab und lassen ihn im Innern des Modells verlaufen, damit er nicht sichtbar ist.

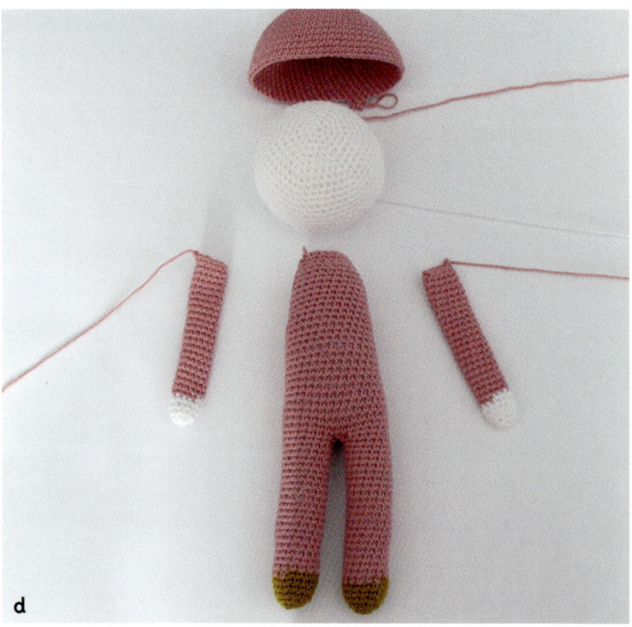
d

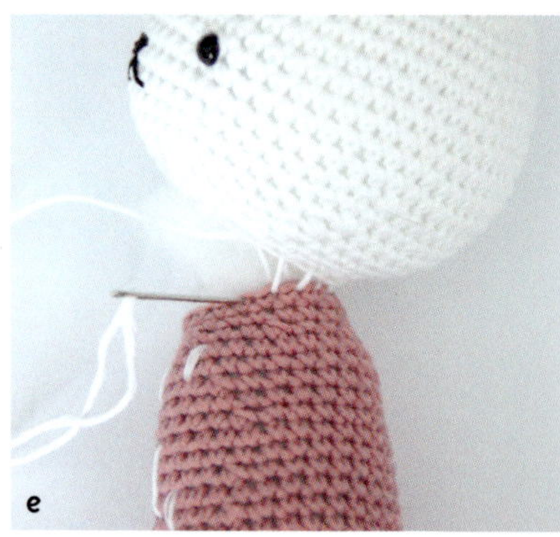
e

f

• WOLFGANG •

Natürlich brauchen wir auch einen männlichen Vertreter unter unseren Knuddel-Freunden. Was meinen Sie, für wen dieser hübsche Strauß Rosen bestimmt ist? Wolfgang hat die Qual der Wahl. Seine Fertigstellung basiert auf dem gleichen Prinzip wie die Modelle von *Josefine* (siehe S. 40) und *Himbeerchen* (siehe S. 46).

SCHWIERIGKEITSGRAD: ★★ – Maße: 30 × 10 cm

★ Material

1 Knäuel Häkelgarn Natura Ivory Nr. 02 (DMC)

1 Knäuel Häkelgarn Natura Blue Jeans Nr. 26 (DMC)

1 Knäuel Häkelgarn Natura Curry Nr. 74 (DMC)

1 Knäuel Häkelgarn Natura Crimson Nr. 61 (DMC)

1 Knäuel weißes Perlgarn (DMC)

braunes Stickgarn

schwarzes Nähgarn

Häkelnadel Nr. 3

1 kleines Stück schwarzer Wollfilz

2 Sicherheitsaugen aus schwarzem Kunststoff, Ø 6 mm

weicher Draht

1 kleines Stück Packpapier

Grundausstattung (siehe S. 5)

★ Verwendete Maschen

Luftmasche (Lm)

feste Masche (fM)

Kettmasche (Km)

Stäbchen (Stb)

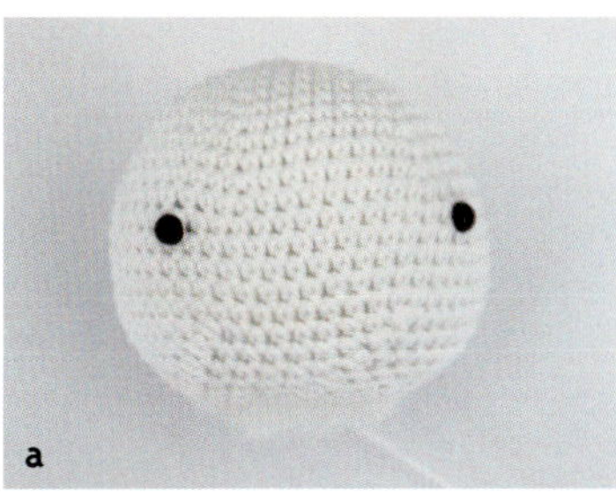
a

So geht's:

1. Arbeiten Sie den Kopf in der Farbe Ivory.

1. Runde: Eine Luftmaschenkette mit 2 Lm anschlagen und 6 fM in die 1. Lm häkeln.

2. Runde: 1 Zun in jede fM der vorherigen Runde häkeln (= 12 fM).

3. Runde: *1 fM in die folgende M, dann 1 Zun in die folgende M* häkeln, noch 5-mal von * bis * wiederholen (= 18 fM).

4. Runde: *2 fM, 1 Zun* häkeln, noch 5-mal von * bis * wiederholen (= 24 fM).

5. Runde: *3 fM, 1 Zun* häkeln, noch 5-mal von * bis * wiederholen (= 30 fM).

6. Runde: *4 fM, 1 Zun* häkeln, noch 5-mal von * bis * wiederholen (= 36 fM).

7. Runde: *5 fM, 1 Zun* häkeln, noch 5-mal von * bis * wiederholen (= 42 fM).

8. Runde: *6 fM, 1 Zun* häkeln, noch 5-mal von * bis * wiederholen (= 48 fM).

9. Runde: *7 fM, 1 Zun* häkeln, noch 5-mal von * bis * wiederholen (= 54 fM).

10. Runde: 1 fM in jede der 54 fM der vorherigen Runde häkeln (= 54 fM).

11. Runde: *8 fM, 1 Zun* häkeln, noch 5-mal von * bis * wiederholen (= 60 fM).

Von der 12. bis zur 19. Runde: 1 fM in jede der 60 fM der vorherigen Runde häkeln (= 60 fM).

20. Runde: *8 fM, 1 Abn* häkeln, noch 5-mal von * bis * wiederholen (= 54 fM).

21. Runde: *7 fM, 1 Abn* häkeln, noch 5-mal von * bis * wiederholen (= 48 fM).

22. Runde: *6 fM, 1 Abn* häkeln, noch 5-mal von * bis * wiederholen (= 42 fM).

23. Runde: *5 fM, 1 Abn* häkeln, noch 5-mal von * bis * wiederholen (= 36 fM). Setzen Sie die Sicherheitsaugen zwischen der 13. und 14. Runde ein, und lassen Sie dabei einen Abstand von 14 fM zwischen den Augen (siehe *Ein Gesicht machen*, S. 11). Stopfen Sie den Kopf fest aus (a).

24. Runde: *4 fM, 1 Abn* häkeln, noch 5-mal von * bis * wiederholen (= 30 fM).

25. Runde: *3 fM, 1 Abn* häkeln, noch 5-mal von * bis * wiederholen (= 24 fM).

26. Runde: *2 fM, 1 Abn* häkeln, noch 5-mal von * bis * wiederholen (= 18 fM). Die Arbeit mit 1 Km abschließen und den Faden abschneiden (a).

>>

»

2. Arbeiten Sie die Beine in der Farbe Ivory und ab der 7. Runde in der Farbe Curry.

1. Runde: Eine Luftmaschenkette mit 2 Lm anschlagen und 6 fM in die 1. Lm häkeln.

2. Runde: 1 Zun in jede fM der vorherigen Runde häkeln (= 12 fM).

3. Runde: *1 fM, 1 Zun* häkeln, noch 5-mal von * bis * wiederholen (= 18 fM).

4. Runde: *2 fM, 1 Zun* häkeln, noch 5-mal von * bis * wiederholen (= 24 fM).

Von der 5. bis zur 35. Runde: 1 fM in jede der 24 fM der vorherigen Runde häkeln (= 24 fM). In der 7. Runde die Farbe wechseln. Die Arbeit mit 1 Km abschließen und den Faden abschneiden. Ein zweites Bein genauso häkeln, aber den Faden nicht abschneiden. Beide Beine ausstopfen.

3. Arbeiten Sie den Körper in der Farbe Curry und ab der 5. Runde in doppeltem Faden die Farbe Blue Jeans und das weiße Perlgarn.

1. Runde: Nehmen Sie das erste Bein, und legen Sie es neben das zweite, um beide miteinander zu verbinden. Ausgehend vom zweiten Bein, stechen Sie die Häkelnadel in die 1. M des ersten Beins, und häkeln Sie 1 fM in jede der 24 fM des ersten Beins, dann häkeln Sie 1 fM in jede der 24 fM des zweiten Beins (das ergibt 24 + 24 = 48 fM).

2. Runde : 1 Zun, 24 fM, 1 Zun, 24 fM häkeln (= 52 fM).

Von der 3. bis zur 11. Runde: 1 fM in jede der 52 fM der vorherigen Runde häkeln (52 fM). Achtung! In der 5. Runde die Farbe wechseln und die Häkelnadel in die hintere Masche stechen, um die Grenze zwischen der Hose und dem Pullover zu markieren (b).

12. Runde: 1 Abn, 13 fM, 1 Abn, 21 fM, 1 Abn, 12 fM häkeln (= 49 fM).

13. und 14. Runde: 1 fM in jede der 49 fM der vorherigen Runde häkeln (= 49 fM).

15. Runde: 13 fM, 1 Abn, 21 fM, 1 Abn, 11 fM häkeln (= 47 fM).

16. und 17. Runde: 1 fM in jede der 47 fM der vorherigen Runde häkeln (= 47 fM).

18. Runde: 23 fM, 1 Abn, 20 fM, 1 Abn häkeln (= 45 fM).

19. Runde: 1 fM in jede der 45 fM der vorigen Runde häkeln (= 45 fM).

20. Runde: 14 fM, 1 Abn, 18 fM, 1 Abn, 9 fM häkeln (= 43 fM).

21. Runde: 1 Abn, 12 fM, 1 Abn, 7 fM, 1 Abn, 7 fM, 1 Abn, 9 fM häkeln (= 39 fM).

22. Runde: 1 Abn häkeln, dann die Runde mit 37 fM beenden (= 38 fM).

23. Runde: 1 Abn, 9 fM, 1 Abn, 9 fM, 1 Abn, 9 fM, 1 Abn, 3 fM häkeln (= 34 fM).

24. Runde: 1 Abn, 8 fM, 1 Abn, 6 fM, 1 Abn, 6 fM, 1 Abn, 6 fM häkeln (= 30 fM).

25. Runde: *3 fM, 1 Abn* häkeln, noch 5-mal von * bis * wiederholen (= 24 fM). Den Körper fest ausstopfen.

26. Runde: *2 fM, 1 Abn* häkeln,noch 5-mal von * bis * wiederholen (= 18 fM).

27. Runde: 1 fM in jede der 18 fM der vorherigen Runde häkeln (= 18 fM). Die Arbeit mit 1 Km abschließen und den Faden abschneiden.

4. Arbeiten Sie die Arme in der Farbe Ivory und ab der 6. Runde die Farbe Blue Jeans und das weiße Perlgarn in doppeltem Faden.

1. Runde: Eine Luftmaschenkette mit 2 Lm anschlagen und 6 fM in die 1. Lm häkeln.

2. Runde: 1 Zun in jede fM der vorherigen Runde häkeln (= 12 fM).

»

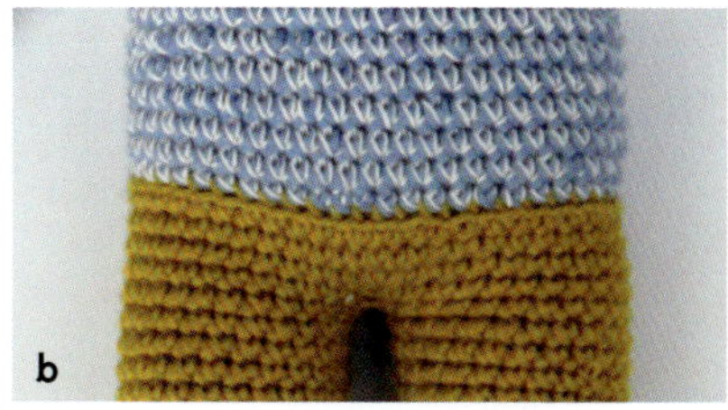
b

c

d

e

»

3. Runde: *2 fM, 1 Zun* häkeln, noch 3-mal von * bis * wiederholen (= 16 fM).
Von der 4. bis zur 30. Runde: 1 fM in jede der 16 fM der vorigen Runde häkeln (= 16 fM). In der 6. Runde die Farbe wechseln. Die Arbeit mit 1 Km abschließen und den Faden abschneiden. Einen zweiten Arm genauso häkeln. Die Arme nicht ausstopfen (c).

5. Arbeiten Sie die Ohren in der Farbe Ivory.
1. Runde: Eine Luftmaschenkette mit 2 Lm anschlagen und 6 fM in die 1. Lm häkeln.
2. Runde: 1 fM in jede fM der vorherigen Runde häkeln (= 6 fM).
3. Runde: 1 Zun in jede der 6 fM der vorherigen Runde häkeln (= 12 fM).
4. Runde: 1 fM in jede der 12 fM der vorherigen Runde häkeln (= 12 fM).
5. Runde: *2 fM, 1 Zun* häkeln, noch 3-mal von * bis * wiederholen (= 16 fM).
6. Runde: 1 fM in jede der 16 fM der vorherigen Runde häkeln (= 16 fM).
7. Runde: *3 fM, 1 Zun* häkeln, noch 3-mal von * bis * wiederholen (= 20 fM).
8. Runde: 1 fM in jede der 20 fM der vorherigen Runde häkeln (= 20 fM).
Die Arbeit mit 1 Km abschließen und den Faden abschneiden. Ein zweites Ohr genauso häkeln. Die Ohren nicht ausstopfen (d).

Zusammennähen und fertigstellen

6. Legen Sie die Teile so vor sich hin, wie sie zusammengehören (e), nähen Sie dann den Kopf und den Oberkörper mithilfe einer Sticknadel zusammen. Stopfen Sie dabei den Kopf und den Körper zu Ende aus.

7. Nähen Sie die Arme in Höhe der vorletzten Runde an den Körper.

8. Nähen Sie die Ohren in Höhe der 5. Runde am Kopf an.

9. Schneiden Sie aus einem Stück Wollfilz einen Schnurrbart zurecht. Nähen Sie diesen mit einer Nähnadel und schwarzem Nähgarn in der Mitte des Gesichts an. Färben Sie dann die Wangen (siehe *Ein Gesicht machen*, S. 11).

10. Häkeln Sie eine Rose in Hin- und Rückreihen in der Farbe Crimson.

1. Reihe: Eine Luftmaschenkette mit 13 Lm anschlagen, dann 3 Lm zum Wenden häkeln.

2. Reihe: In der 3. Lm nach der Häkelnadel *6 Stb, dann 1 Km in die folgende Lm* häkeln (f), noch 5-mal von * bis * wiederholen (= 42 fM). Die Rose formt sich ganz von allein (g).

Geben Sie ihr die endgültige Form, indem Sie sie unten mit ein paar Stichen zusammennähen. Häkeln Sie 3 weitere Rosen genauso.

11. Fertigen Sie die Stiele an. Schneiden Sie hierfür ein 20 cm langes Stück Draht ab, und falten Sie es auf die Hälfte. Umwickeln Sie es mit brauem Stickgarn, und stechen Sie die Drahtenden von unten in die Mitte von je einer Rose. Verknoten Sie die roten Fäden der Rose mit dem braunen Faden des Stiels, und verstecken Sie die Fäden im Inneren der Rose (h). Arbeiten Sie zwei weitere Stiele genauso. Schneiden Sie ein kleines Viereck aus dem Packpapier, und umwickeln Sie die Rosen damit.

Variante

Warum nicht den schnurrbärtigen Kater in ein Kaninchen verwandeln? Nichts einfacher als das! Sie brauchen dazu nur die Ohren von *Josefine* zu häkeln (siehe S. 43).

f

g

h

• FUCHSPORTRÄT •

Häkeln Sie ein kleines Fuchsporträt als Dekoration für die Zimmer Ihrer Kinder. Dieses Modell ist eher für fortgeschrittene Häklerinnen und Häkler gedacht, aber mit etwas Übung und Geduld können es auch Anfänger schaffen. Viel Spaß dabei!

SCHWIERIGKEITSGRAD: ★★★ – Maße: 15 × 12 cm

★ Material

- 1 Knäuel Häkelgarn Natura Curry Nr. 74 (DMC)
- 1 Knäuel Häkelgarn Natura Ibiza Nr. 01 (DMC)
- 1 Knäuel Häkelgarn Natura Ambar Nr. 04 (DMC)
- 1 Knäuel Häkelgarn Natura Moss Green Nr. 75 (DMC)
- 30 cm Häkelgarn Natura Noir Nr. 11 (DMC)
- 1 Knäuel Metallgarn Lumina Argent L3866 (DMC)
- Häkelnadel Nr. 3
- 2,5 × 10 cm Tüll
- 1 Stück Liberty-Stoff
- 1 Stück selbstklebende Vlieseline in der Größe des Rahmens
- 2 Sicherheitsaugen aus schwarzem und braunem Kunststoff, Ø 6 mm
- Grundausstattung (siehe S. 5)

★ Verwendete Maschen

Luftmasche (Lm)
feste Masche (fM)
Kettmasche (Km)
Stäbchen (Stb)
Doppelstäbchen (Dstb)

a

So geht's:

1. Arbeiten Sie den Kopf von der 1. bis zur 5. Runde in der Farbe Ibiza und von der 6. bis zur letzten Runde in der Farbe Curry.

1. Runde: Eine Luftmaschenkette mit 2 Lm anschlagen und 6 fM in die 1. Lm häkeln.

2. Runde: 1 fM, 1 Zun, 2 fM, 1 Zun, 1 fM häkeln (= 8 fM).

3. und 4. Runde: 1 fM in jede der 8 fM der vorherigen Runde häkeln (= 8 fM).

5. Runde: 1 fM, 1 Zun, 1 fM, 1 Zun, 2 fM, 1 Zun, 1 fM häkeln (= 11 fM).

6. Runde: Die Farbe wechseln und 1 fM, 1 Zun, 2 fM, 1 Zun, 1 fM, 1 Zun, 2 fM, 1 Zun, 1 fM häkeln (= 15 fM).

7. Runde: 1 fM, 1 Zun, 2 fM, 1 Zun, 5 fM, 1 Zun, 2 fM, 1 Zun, 1 fM häkeln (= 19 fM).

8. Runde: 2 fM, 1 Zun, 2 fM, 1 Zun, 7 fM, 1 Zun, 2 fM, 1 Zun, 2 fM häkeln (= 23 fM).

9. Runde: 1 fM in jede der 23 fM der vorherigen Runde häkeln (= 23 fM).

10. Runde: 7 fM, 1 Zun, 7 fM, 1 Zun, 7 fM häkeln (= 25 fM).

11. Runde: 3 fM, 1 Zun, 4 fM, 1 Zun, 3 fM, 1 Zun, 3 fM, 1 Zun, 4 fM, 1 Zun, 3 fM häkeln (= 30 fM).

Von der 12. bis zur 14. Runde: 1 fM in jede der 30 fM der vorherigen Runde häkeln (= 30 fM). Setzen Sie die Augen in Höhe der 13. Runde mit 7 fM Abstand zueinander ein, und stopfen Sie fest aus (siehe *Ein Gesicht machen*, S. 11).

15. Runde: *3 fM, 1 Abn* häkeln, noch 5-mal von * bis * wiederholen (= 24 fM).

16. Runde: *2 fM, 1 Abn* häkeln, noch 5-mal von * bis * wiederholen (= 18 fM).

17. Runde: *1 fM, 1 Abn* häkeln, noch 5-mal von * bis * wiederholen (= 12 fM).

18. Runde: 6 Abn häkeln (= 6 fM).

19. Runde: 3 fM häkeln. Die Arbeit mit 1 Km abschließen. Den Faden abschneiden, aber mindestens 20 cm stehen lassen, um später den Kopf an den Rahmen nähen zu können. Die Nase in der Farbe Schwarz sticken (a).

2. Arbeiten Sie den Körper in der Farbe Curry.

1. Runde: Eine Luftmaschenkette mit 2 Lm anschlagen und 6 fM in die 1. Lm häkeln.

2. Runde: 1 Zun in jede fM der vorherigen Runde häkeln (= 12 fM).

3. Runde: *1 fM in die folgende M, dann 1 Zun in die folgende M* häkeln, noch 5-mal von * bis * wiederholen (= 18 fM).

>>

»

4. Runde: 1 fM in jede der 18 fM der vorherigen Runde häkeln (= 18 fM).

5. Runde: *2 fM, 1 Zun* häkeln, noch 5-mal von * bis * wiederholen (= 24 fM).

6. Runde: 1 fM in jede der 24 fM der vorherigen Runde häkeln (= 24 fM).

7. Runde: *3 fM, 1 Zun* häkeln, noch 5-mal von * bis * wiederholen (= 30 fM).

Von der 8. bis zur 15. Runde: 1 fM in jede der 30 fM der vorherigen Runde häkeln (= 30 fM). Legen Sie die Ränder der Arbeit aufeinander, und häkeln Sie eine Runde fM, um die Öffnung zu schließen. Achten Sie darauf, die Häkelnadel in jeweils 2 gegenüberliegende fM zu stechen (b). Die Arbeit mit 1 Km abschließen. Den Faden abschneiden, aber 30 cm stehen lassen, um später den Körper an den Rahmen nähen zu können. Nicht ausstopfen. Ein paar Zierstiche in V-Form mit der Farbe Moss Green sticken.

3. Arbeiten Sie die Ohren in den Farben Ibiza und Curry.

1. Runde: In der Farbe Ibiza eine Luftmaschenkette aus 4 Lm häkeln und wenden, 1 fM, 1 Stb, 1 Dstb, 1 Lm häkeln und erneut wenden.

2. Runde: In der Farbe Curry 4 fM, 1 Lm, 4 fM häkeln. Die Arbeit mit 1 Km abschließen und den Faden abschneiden. Ein zweites Ohr genauso häkeln.

4. Arbeiten Sie den Rahmen in der Farbe Ambar. Der Rahmen lässt sich der Form nach in ein Rechteck und einen Halbkreis an jedem Ende zerlegen. Die Zunahmen werden in den Halbkreisen gehäkelt und lassen so die ovalen Rundungen entstehen.

Eine Luftmaschenkette mit 12 Lm anschlagen. Die Arbeit wird rund um diese Luftmaschenkette gehäkelt. Die 12 M bestimmen die Länge des Rechtecks. Die Arbeit wenden (die 3 Lm am Anfang jeder Runde zählen als 1 Stb).

b

1. Runde: 3 Lm, 11 Stb, 6 Stb in die folgende M (also die allererste Lm der Luftmaschenkette), dann 12 Stb, 6 Stb in die folgende M häkeln (= 36 M). Die Runde mit 1 Km beenden (c).

2. Runde: 3 Lm, 11 Stb, *1 Zun, 1 Stb* häkeln, noch 2-mal von * bis * wiederholen, dann 12 Stb, *1 Zun, 1 Stb* häkeln, noch 2-mal von * bis * wiederholen (= 42 M). Die Runde mit 1 Km beenden (d).

»

c

d

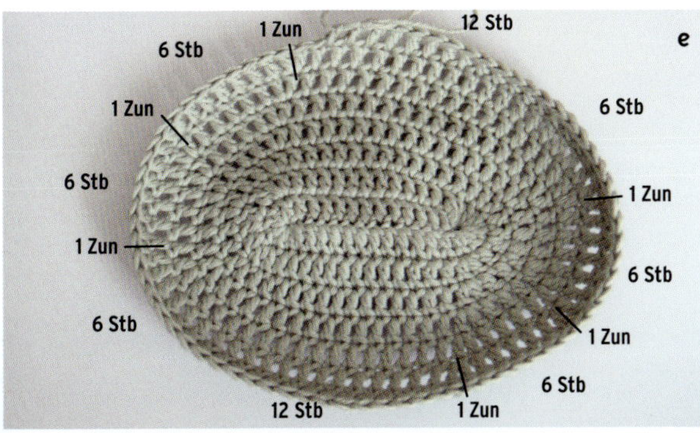

e

f

»

3. Runde: 3 Lm, 11 Stb, *1 Zun, 2 Stb* häkeln, noch 2-mal von * bis * wiederholen, 12 Stb, *1 Zun, 2 Stb* häkeln, noch 2-mal von * bis * wiederholen (= 48 M). Die Runde mit 1 Km beenden.
4. Runde: 3 Lm, 11 Stb, *1 Zun, 3 Stb* häkeln, noch 2-mal von * bis * wiederholen, 12 Stb, *1 Zun, 3 Stb* häkeln, noch 2-mal von * bis * wiederholen (= 54 M). Die Runde mit 1 Km beenden.
5. Runde: 3 Lm, 11 Stb, *1 Zun, 4 Stb* häkeln, noch 2-mal von * bis * wiederholen, 12 Stb, *1 Zun, 4 Stb* häkeln, noch 2-mal von * bis * wiederholen (= 60 M). Die Runde mit 1 Km beenden.
6. Runde: 3 Lm, 11 Stb, *1 Zun, 5 Stb* häkeln, noch 2-mal von * bis * wiederholen, 12 Stb, *1 Zun, 5 Stb* häkeln, noch 2-mal von * bis * wiederholen (= 66 M).
7. Runde: 3 Lm, 11 Stb, *1 Zun, 6 Stb* häkeln, noch 2-mal von * bis * wiederholen, 12 Stb, *1 Zun, 6 Stb* häkeln, noch 2-mal von * bis * wiederholen (= 72 M). Den Faden nicht abschneiden, er wird noch zum Häkeln der Umrandung benötigt (e).

5. Arbeiten Sie die Umrandung in der gleichen Farbe.
1. Runde: 6 Lm häkeln, 3 M überspringen, 1 Km häkeln, diese Folge um das ganze Oval herum wiederholen.
2. Runde: 3 Lm, 1 Km in die Mitte des kleinen, von den Lm der vorherigen Runde gebildeten Bogens häkeln. Dann *6 Lm, 1 Km* häkeln, diese Folge um das ganze Oval herum wiederholen. Die Arbeit mit 1 Km abschließen und den Faden abschneiden (f).

Tipp: ***Je nach Beschaffenheit des genutzten Garns und der Häkelart (fest oder locker) kann es sein, dass der Rahmen nicht ganz flach wird. Legen Sie ihn in diesem Fall eine Nacht lang unter ein schweres Buch.***

Fertigstellen

6. Legen Sie die Teile so vor sich hin, wie sie zusammengehören (g). Nähen Sie die Ohren an den Fuchskopf.

7. Nähen Sie mit einer Sticknadel den Körper auf den Rahmen (h).

g

h

i

j

8. Häkeln Sie mit dem Garn Lumina Argent eine Luftmaschenkette, die so lang ist, dass sie um das Oval des Rahmens ohne die Umrandung passt. Nähen Sie diese Luftmaschenkette mit der Sticknadel und dem gleichen Garn mit kleinen Stichen an.

9. Nähen Sie den Kopf des Fuchses auf den Rahmen (i).

10. Fertigen Sie eine kleine Fliege aus einem Stück Tüll (siehe *Olafs Porträt*, S. 63), und nähen Sie sie an.

11. Schneiden Sie ein Stück Liberty-Stoff und ein Stück selbstklebende Vlieseline in der Größe des Rahmenovals (ohne Umrandung) zu. Bügeln Sie die glänzende Seite der Vlieseline auf die Rückseite des Liberty-Stoffs, der so versteift wird. Nähen Sie mit kleinen Stichen das Stoffoval auf die Rückseite des Rahmens (j). Durch diesen Schritt wird der Rahmen versteift, und alle Fäden können auf der Rückseite versteckt werden.

Variante

Sie können den gehäkelten Rahmen auch durch einen Stoffrahmen ersetzen. Schneiden Sie dafür ein Oval aus sehr dicker selbstklebender Vlieseline und ein zweites Oval aus einem Stoff Ihrer Wahl zurecht. Plätten Sie die Stoffe aufeinander. Nähen Sie Kopf und Körper des Fuchses in der Mitte dieses Rahmens an.

• OLAFS PORTRÄT •

Dieses Modell wird ähnlich wie das *Fuchsporträt* (siehe S. 55) gearbeitet. Warum nicht mit einer hübschen Serie von Familienporträts beginnen und jedes individuell gestalten? Machen Sie bei Ihren Kindern und Bekannten mit vier oder fünf gehäkelten Porträts Eindruck, und hängen Sie sie nebeneinander an die Wand. Der Erfolg ist garantiert!

SCHWIERIGKEITSGRAD: ★★★ – Maße: 15 × 12 cm

★ Material

1 Knäuel Häkelgarn Camel Nr. 57 (DMC)
1 Knäuel Häkelgarn Natura Ibiza Nr. 01 (DMC)
1 Knäuel Häkelgarn Natura Ambar Nr. 04 (DMC)
1 Knäuel Metallgarn Lumina Or L677 (DMC)
neonrosa Stickgarn
braunes Stickgarn
Häkelnadel Nr. 3
2,5 × 10 cm neonrosa Tüll
1 Stück Liberty-Stoff
1 Stück selbstklebende Vlieseline in der Größe des Rahmens
2 Sicherheitsaugen aus schwarzem Kunststoff, Ø 6 mm
dünner, weicher Draht
Grundausstattung (siehe S. 5)

★ Verwendete Maschen

Luftmasche (Lm)
feste Masche (fM)
Kettmasche (Km)
Stäbchen (Stb)

So geht's:

1. Arbeiten Sie den Kopf in der Farbe Camel.

1. Runde: Eine Luftmaschenkette mit 2 Lm anschlagen und 6 fM in die 1. Lm häkeln.

2. Runde: 1 Zun in jede fM der vorherigen Runde häkeln (= 12fM).

3. Runde: 1 fM, 1 Zun, 8 fM, 1 Zun, 1 fM häkeln (= 14 fM).

4. und 5. Runde: 1 fM in jede der 14 fM der vorherigen Runde häkeln (= 14 fM).

6. Runde: 1 fM, 1 Zun, 10 fM, 1 Zun, 1 fM häkeln (= 16 fM).

7. Runde: 1 fM in jede der 16 fM der vorherigen Runde häkeln (= 16 fM).

8. Runde: 5 fM, 1 Zun, 4 fM, 1 Zun, 5 fM häkeln (= 18 fM).

9. Runde: 1 fM in jede der 18 fM der vorherigen Runde häkeln (= 18 fM).

10. Runde: 1 fM, 1 Zun, 4 fM, 1 Zun, 4 fM, 1 Zun, 4 fM, 1 Zun, 1 fM häkeln (= 22 fM).

11. Runde: 3 fM, 1 Zun, 14 fM, 1 Zun, 3 fM häkeln (= 24 fM).

12. Runde: 8 fM, 1 Zun, 6 fM, 1 Zun, 8 fM häkeln (= 26 fM).

13. Runde: 1 Zun, 3 fM, 1 Zun, 3 fM, 1 Zun, 4 fM, 1 Zun, 3 fM, 1 Zun, 3 fM, 1 Zun, 3 fM, 1 Zun häkeln (= 33 fM).

14. Runde: 10 fM ,1 Zun, 10 fM, 1 Zun, 10 fM, 1 Zun häkeln (= 36 fM).

15. Runde: 1 fM in jede der 36 fM der vorherigen Runde häkeln (= 36 fM).

16. Runde: *4 fM, 1 Abn* häkeln, noch 5-mal von * bis * wiederholen (= 30 fM). Die Augen in Höhe der 13. Runde mit einem Abstand von 7 fM zueinander einsetzen und den Kopf fest ausstopfen (siehe *Ein Gesicht machen*, S. 11).

17. Runde: *3 fM, 1 Abn* häkeln, noch 5-mal von * bis * wiederholen (= 24 fM).

18. Runde: *2 fM, 1 Abn* häkeln, noch 5-mal von * bis * wiederholen (= 18 fM).

19. Runde: *1 fM, 1 Abn* häkeln, noch 5-mal von * bis * wiederholen (= 12 fM).

20. Runde: 6 Abn häkeln (= 6 fM).

»

»

21. Runde: 3 fM häkeln. Die Arbeit mit 1 Km abschließen. Den Faden abschneiden, aber mindestens 20 cm stehen lassen, um später den Kopf an den Rahmen nähen zu können.

2. Arbeiten Sie die Ohren in den Farben Ibiza und Camel. In der Farbe Ibiza eine Luftmaschenkette aus 5 Lm häkeln und die Arbeit wenden.

1. Runde: 1 Lm, 1 fM, 3 Stb, 1 fM häkeln (a). Dann in der Farbe Camel 4 Stb und dann 3 Stb in die folgende Masche häkeln, um die abgerundete Form des Ohres zu erhalten. 4 Stb häkeln. Die Arbeit mit 1 Km beenden. Den Faden abschneiden (b). Ein zweites Ohr genauso häkeln.

3. Arbeiten Sie den Körper in der Farbe Ambar.

1. Runde: Eine Luftmaschenkette mit 2 Lm anschlagen und 6 fM in die 1. Lm häkeln.

2. Runde: 1 Zun in jede fM der vorherigen Runde häkeln (= 12 fM).

3. Runde: *1 fM in die folgende M, dann 1 Zun in die folgende M* häkeln, noch 5-mal von * bis * wiederholen (= 18 fM).

4. Runde: 1 fM in jede der 18 fM der vorherigen Runde häkeln (= 18 fM).

5. Runde: *2 fM, 1 Zun* häkeln, noch 5-mal von * bis * wiederholen (= 24 fM).

6. Runde: 1 fM in jede der 24 fM der vorherigen Runde häkeln (= 24 fM).

7. Runde: *3 fM, 1 Zun* häkeln, noch 5-mal von * bis * wiederholen (= 30 fM).

Von der 8. bis zur 15. Runde: 1 fM in jede der 30 fM der vorherigen Runde häkeln (= 30 fM). Legen Sie die Ränder der Arbeit aufeinander, und häkeln Sie eine Runde fM, um die Öffnung zu schließen. Achten Sie darauf, die Häkelnadel in jeweils 2 gegenüberliegende fM zu stechen. Die Arbeit mit 1 Km abschließen. Den Faden abschneiden, aber 30 cm stehen lassen, um später den Körper an den Rahmen nähen zu können. Nicht ausstopfen. Mit dem neonrosa Stickgarn ein paar Ziersticke sticken.

4. Arbeiten Sie den Rahmen und die Umrandung in der Farbe Ibiza. Folgen Sie den Anweisungen der Schritte 4 und 5 des *Fuchsporträts* (siehe S. 57).

Zusammennähen und fertigstellen

5. Legen Sie die Teile so vor sich hin, wie sie zusammengehören. Nähen Sie die Ohren am Kopf des Hirsches an (c). Färben Sie die Wangen, wenn Sie möchten (siehe *Ein Gesicht machen*, S. 11).

6. Nähen Sie mithilfe einer Sticknadel den Oberkörper auf den Rahmen.

7. Häkeln Sie mit dem Garn Lumina Or eine Luftmaschenkette, die so lang ist, dass sie um das Oval des Rahmens ohne die Umrandung passt. Nähen Sie die Luftmaschenkette mithilfe einer Sticknadel und mit dem gleichen Garn mit kleinen Stichen an.

8. Nähen Sie den Kopf des Hirsches auf den Rahmen.

9. Schneiden Sie 6 Stücke Draht zurecht, und wickeln Sie jeweils 3 am unteren Ende zusammen, sodass eine „Geweihform" entsteht (d).

10. Schlingen Sie 50 cm braunes Stickgarn um die 3 Stiele (e). Wenn Sie fast am Ende jedes Stiels angekommen sind, falten Sie ihn auf die Hälfte und wickeln den Faden so um das Ende, dass er fest sitzt (f).

»

***Tipp:* Diese Erklärungen ergänzen die des Fuchsporträts (siehe S. 55). Sehen Sie sich dieses Kapitel genau an, damit Sie die verschiedenen in Bild und Text dargestellten Schritte bei der Ausführung und Fertigstellung Ihrer Arbeit gut verstehen.**

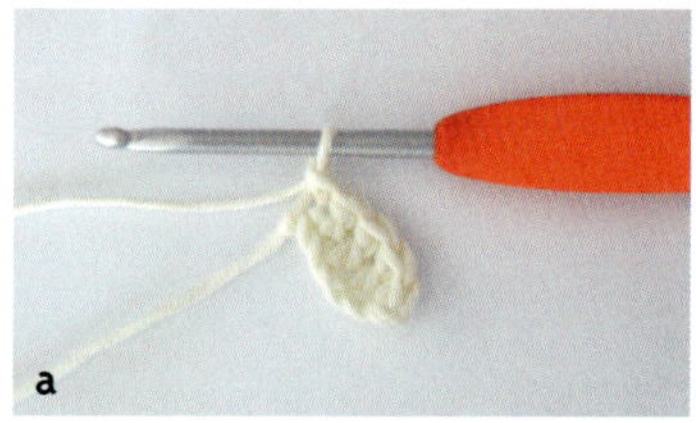
a

b

c

»

11. Stecken Sie das Geweih oben in den Kopf des Hirsches, und lassen Sie die Fäden mithilfe einer Sticknadel auf der Rückseite des Rahmens hervorkommen. Verknoten Sie sie.

12. Falten Sie den Tüll zunächst zur Ziehharmonika, und fertigen Sie dann eine Fliege, indem Sie einen neonrosa Faden um die Mitte wickeln. Machen Sie einen Knoten, und verwenden Sie diesen Faden, um die Fliege oben am Körper des Hirsches anzunähen (g).

13. Schneiden Sie ein Stück Liberty-Stoff und ein Stück selbstklebende Vlieseline in der Größe des ovalen Rahmens (ohne Umrandung) zurecht. Bügeln Sie die glänzende Seite der Vlieseline auf die Rückseite des Liberty-Stoffs, der so versteift wird (h).

14. Nähen Sie mit kleinen Stichen das Stoffoval auf die Rückseite des Rahmens. Durch diesen Schritt wird der Rahmen versteift, und alle Fäden können auf der Rückseite versteckt werden (i).

Variante

Sie können den gehäkelten Rahmen auch durch einen Stoffrahmen ersetzen. Schneiden Sie dafür ein Oval aus sehr dicker selbstklebender Vlieseline und ein zweites Oval aus Liberty-Stoff oder einem anderen Stoff Ihrer Wahl aus. Plätten Sie die Stoffe aufeinander. Nähen Sie den Kopf und den Körper des Hirsches in der Mitte dieses Rahmens an.

d

e

f

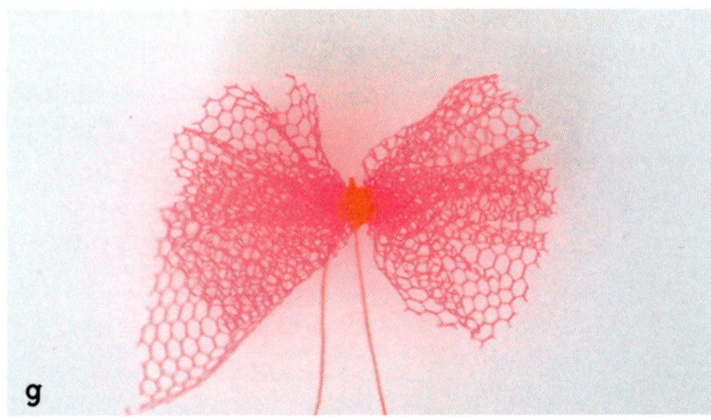
g

h

i

Dank

Als Erstes möchte ich mich dafür bedanken, dass Sie dieses Buch gelesen haben. Ich hoffe, dass meine Erklärungen und die hübschen Fotos von Caroline Briel Sie dazu angeregt haben, die kleinen Figürchen zu häkeln.
Ganz besonders danke ich Nathalie Délimard von Abracadacraft®, die mich zu diesem Buch ermutigt hat.
Großer Dank geht auch an die Bloggerinnen Stéphanie mit ihrem Blog *Fanette joue à la poupée* und Sarah mit ihrem Blog *2 clics* für ihren außerordentlichen Ansporn, ihre Ratschläge und ihre Unterstützung während der Entstehung dieses Buches.
Ich danke auch all meinen »Testerinnen«, die mit großer Hingabe die Modelle gehäkelt haben und mir eine enorme Hilfe waren – Catherine mit ihrem Blog *Petite primprenelle*, Patricia mit ihrem Blog *Betsy*, *Isabelle*, *Claire und Enna*.
Ich danke meinem Lieferanten von DMC, mit dem ich während der Arbeit an diesem Buch zusammengearbeitet habe.
Schließlich ein großes Dankeschön an meine Kinder Gaël, Lisenn und Louise sowie an ihren Papa für ihre endlose Geduld.

Bezugsquellen

Das in diesem Buch verwendete Garn DMC Natura Just Cotton können Sie beziehen bei:
www.wollplatz.de
Eine große Auswahl an Sicherheitsaugen finden Sie bei:
www.dawanda.de
Die von der Autorin empfohlenen Clover-Häkelnadeln finden Sie z. B. bei www.country-creativ.de. Dort und bei Dawanda oder z. B. auch bei www.ideenstube.com können Sie die Puppennadeln kaufen.

ISBN 978-3- 8094-3445-0

2. Auflage 2017

Originaltitel: Tendre crochet

Dieses Buch entstand in Partnerschaft mit Abracadacraft (www.abracadacraft.com).

Umschlaggestaltung: Atelier Versen, Bad Aibling
Projektfotos: Caroline Briel / CINCMAI (wwwl.caroline.briel.com)
Schritt-für-Schritt-Fotos: Sandrine Deveze
Illustrationen: Julie Simoens
Layout und Gestaltung: Julie Simoens
Projektleitung der deutschen Ausgabe: Herta Winkler
Übersetzung: SAW Communications, Mainz, Sabine Tessloff
Redaktion, Satz und Producing: SAW Communications, Redaktionsbüro Dr. Sabine A. Werner, Mainz, in Zusammenarbeit mit Anke Enders – alles mit Medien, Mainz

Druck & Bindung: Alföldi Nyomda Zrt., Debrecen

Printed in Hungary

FSC www.fsc.org
MIX
Papier aus verantwortungsvollen Quellen
FSC® C010328

Verlagsgruppe Random House FSC®N001967